JN111040

障害児教育福祉史の資料集成
戦前の劣等児・精神薄弱児教育

小川英彦 著
Ogawa Hidehiko

三学出版

序

『広辞苑』によると、集成とは「多くのものを集めて一つのまとまりのあるものに仕上げること。また、そのまとまったもの」とされる。

戦前、わが国の障害児(者)は、いわれのない差別や偏見のもとに、国の富国強兵策にそわない人材として不当に扱われてきた。さらに、特別視され、教育から排除されてきた。

わが国の障害児(者)の生活と教育は、戦前からの先駆的実践者の長年の文字通り血の滲むような開拓的な努力のもとに、戦後の日本国憲法の人権の尊重の原則に支えられ、向上・発展してきた。

筆者は、歴史とは過去との対話を通した未来への遺産継承の営みであると考えている。それゆえに、資料が、過去と現在を、さらに現代と将来を結ぶ架け橋になっている。

今日、わが国の障害児教育は、特殊教育から特別支援教育へと大きく転換しつつある。教育の対象を拡大したこと、ライフステージにわたって支援するなどの新しい試みがなされてきている。大きく変動している時代であればあるほど、歴史を紐解き、先駆的実践者の業績に学びつつ、将来を展望することが大切なように思われてならない。

障害児教育のあり方が問われている今日、源流に立ち戻って、先駆的実践者の取り組みに触れることが重要である。障害児教育は、歴史的営為であり、今日の仕組みを創造してきた源には、貴重な開拓的な実践が多く蓄積されている。障害児教育の歴史資料は、このような理解を行う上で最も重要なものである。集成は、こうした時間の経過の中で、その実態を明らかにするための不可欠な作業となっている。時代を超えて示される人間の支援や教育のもつ意味について、再度深く見つめ直すことも可能であろう。

わが国の障害児(者)に関する資料集成の作成は、これまでにいくつかはなされてはきている。しかしながら、どうしても収録文献の数は限られてきており、決して十分なものであるとはいえない。また、文献や資料は時の経過とともに散逸し、入手しにくくなっていく。特に、障害児教育の分野については、研究者の層からしていっそう難しくなっているような気がしてならない。

本資料集成は、いまだ量と質に課題を残してはいるものの、今後、障害児教育の研究者が協働して、より総合的な・系統的な障害児教育研究を創造していくための礎石になればと願っている。

わが国の障害児教育の実践と思索は豊かな歴史と経験を蓄積しているが、障害児(者)の教育関係者だけにとどまるのではなく、福祉関係者や医療関係者などの共有の知的財産につながり、社会一般の理解に展開することを切に願っている。資料集成には一同にそろえて読むことができるという醍醐味があり、関係者を大いに裨益するところとなろう。

ところで、筆者は障害児教育福祉の地域史を進めていることから、以下の障害児教育史に関する刊行書を手元に有している。個人の執筆によるもの、県や市単位の編集委員会や実行委員会によるもの、教育委員会によるものなどである。以下にそれらを刊行年順に列挙してみる。ただし、個人の執筆による障害児教育史の論文は、本書では割愛した。また、県や市が刊行する社会事業史と社会福祉史の資料、障害児福祉史の著述は手元にあるが、今回対象外とし別の機会に公にしたい。

○群馬県精薄教育史編纂委員会『群馬県精神薄弱教育史』(1965年)
○愛知県特殊教育研究協議会『愛知特殊教育10年のあゆみ』(1966年)
○東京都『東京の特殊教育』(1967年)
○東京精神薄弱教育史研究会『東京の精神薄弱教育－戦後のあゆみ－』(1971年)
○戦後の埼玉県精神薄弱教育史編集委員会『戦後の埼玉県精神薄弱教育史』(1971年)
○山口県教育委員会・山口県特殊教育連盟『山口県特殊教育沿革史』(1971年)
○藤村文雄『岐阜県西濃地区特殊教育史』(1974年)
○岐阜県障害児教育資料センター『岐阜県障害児教育の歩み』(1975年)
○海野昇雄『福島県特殊教育史』(1975年)
○平田永哲・大城正大『戦後沖縄の精神薄弱教育の歩み』(1976年)
○愛知県特殊教育の歩み編集委員会『愛知県特殊教育の歩み』(1977年)
○八坂信男『大分県特殊教育史』(1977年)

○千葉県特殊教育研究連盟『千葉県特殊教育二十周年史』(1977年)
○特殊教育百年北海道記念会『北海道の特殊教育』(1978年)
○杉浦守邦『山形県特殊教育史』(1978年)
○鳥取県特殊教育百年事業実行委員会『鳥取県特殊教育の歩み』(1978年)
○宮崎県特殊教育百年記念編集委員会『宮崎県特殊教育史』(1979年)
○山口県特殊教育連盟『山口の特殊教育』(1979年)
○長野県特殊教育百年記念事業会『長野県特殊教育史』(1979年)
○石川県特殊教育百年史編さん委員会『石川県特殊教育百年史』(1981年)
○東京精神薄弱教育史研究会『東京の精神薄弱教育－戦後のあゆみ－』(1981年)
○沖縄の特殊教育史編集委員会『沖縄の特殊教育史』(1983年)
○横浜市教育委員会『横浜市の特殊学級教育 30 年史』(1986年)
○特殊教育百年記念埼玉県心身障害児教育振興会『さくら草』(1986年)
○愛知県特殊教育推進連盟『愛知県特殊教育のあゆみ－養護学校教育の義務制以降－』(1989年)
○藤波高『とり残された子らの京都の教育史』(1989年)
○富岡達夫『東京の知能遅滞児教育史(戦前編)序説』(1994年)

○藤村文雄『岐阜県障害児教育人物史』(1995年)
○岩手県障害児教育史研究会『岩手の障害児教育史』(1996年)
○北野与一『障害教育・福祉の源流』(1997年)
○茨城県特殊教育研究連盟『茨城の特殊教育50年のあゆみ』(1998年)
○富岡達夫『東京の知的障害児教育概説(戦後創設期編)』(2001年)
○安藤房治『青森県障害児教育史』(2017年)

以上の刊行書からして、約25の県や市についての記述が整理されていること、その多くは1970年代から1980年代にかけて刊行されていることになる。

本書では、これらの刊行書をつぶさに読んで、その記述の中から、戦前の劣等児・精神薄弱児教育に関する箇所を集成した。凡例に表記したように、各書の明治期以降第二次世界大戦までを時期対象とした。そして、紙幅の関係より、盲教育、聾教育、肢体不自由教育、病弱教育等については別の機会に譲りたい。なお、戦前を対象としていることから、精神薄弱児はもちろん学業不振児、劣等児を含めて本書では広義に対象児を扱うことにしていることを断っておきたい。

「温故知新」の出典は『論語』為政である。「子曰、温故而知新、可以為師矣」、孔子先生はおっしゃった。古くからの伝えを大切にしながら新しい知識を体得していくことができれば、人々を教える師となることができよう。ここには、古いものをたずねたり、再度思考・考察したりすることの知的経験の重要性が端的に示されている。まさしく、資料集成の意義である。

さらに、昭和15年にわが国初めての精神薄弱児の独立校として、思斉学校が大阪市に設立された。学校名の「思斉」は、論語里仁である。「子曰、見賢思斎焉、見不賢而内自省也」、孔子先生はおっしゃった。道徳性や才能において優れている人を見れば尊敬して同じようになろうと思い、自分より劣った人、徳のない人を見れば軽蔑するのではなく、自分も同じような欠点があるのではないかと静かに反省する。ここには、障害児への基本的な接し方が示されている。

当然ながら、本書をもってわが国における戦前の劣等児・精神薄弱児教育の全体像が明らかになったわけではない。まだ、本書で取り上げることができなかった県や市にはいくつかの資料が残存している。今後の調査・発掘につなげたい。本書がいささかなりともお役に立てば、望外の喜びとするものである。

筆者

凡　　例

1．本書『障害児教育福祉史の資料集成』は、明治期以降第二次世界大戦まで(戦前)のわが国における劣等児・精神薄弱児教育の歴史をふりかえるために、全国的な視点から代表的な特色ある教育を精選して集成した。

2．集成にあたり、原則として紙幅の関係から、底本の扉から奥付までの原寸を収録することは不可能なので、今回は各書の戦前に限定した。県によっては、一部の選択記述となっている場合がある。

3．判型により適宜拡大・縮小をした。

4．本書中に今日的にはやや古めかしい、少し時代はずれに感ずる用語があるかもしれないが、当時の生きていた歴史用語として、学術上としての性格上、底本のままとした。

5．本書に収録した刊行書名は、目次に整理して記述した。

6．刊行書の配列は、刊行年ごとに古いものから並べてみた。

7．人名は、敬称を省略してある場合がある。

8．今回横書きするにあたり、漢数字をアラビア数字に直した。

9．国公立の機関は、その冠称「○○県立」「○○市立」を省略している場合がある。

10. 本書のページ数で通して表記することになるので、各刊行書上のページ数は省略した。また、刊行書上の引用の注番号も省略した。

11. 索引は、事項と人名の別にしてまとめた。

12. 各刊行書の引用・参考文献の紹介や図、表、写真の通し番号は、今回は割愛した。

13. 本書は劣等児・精神薄弱児教育を扱ったが、盲教育、聾教育、肢体不自由教育、病弱教育等については別の機会に譲りたい。

目　次

(※原著の表記をいかすため節立ては統一されていない)

第１章
群馬の精神薄弱教育

(1)本県における精薄教育の発足

イ　義務教育制度の発達過程

わが国が、先進諸外国にならって義務教育の考え方をとりいれ、学制を公布したのは明治5年であるが、はじめは国民の義務教育観念というものはきわめて低く、就学する児童の数はすくなかったようである。

明治23年になって、小学校令が制定され、尋常小学校４か年の就学義務制度が確立してからは、就学するものがだんだんふえて、国力の充実とともに就学歩合は急げきに増加している。そして、明治41年に、就学義務年限が4か年から6か年に延長されたが、就学歩合の低下は見られず、義務制度がようやく国民の間にゆきわたったことを思わせる。

この間の状況は次の表で明らかである。

就学歩合 / 年度	男	女	平均
明治　6年	39.96　%	15.14　%	28.18　%
〃　21年	63.00	30.21	47.36
〃　26年	74.46	40.59	58.73
〃　31年	82.42	53.73	68.91
〃　36年	96.59	89.58	93.23
〃　41年	98.73	96.86	97.83
大正　12年	99.32	99.15	99.23

- 明治30年ころまでは、就学歩合は大へん低く、殊にはじめは女子の就学するものは少なかったことが目立っている。
- 明治36年ころから、急に就学歩合がよくなっている。

ロ　精薄教育の発足・劣等児や低能児のための特別学級の創設

わが国における精神薄弱児の教育は、明治24年に、石井亮一氏が、岐阜の震災孤児たちの中で精薄児たちがあわれな生活をしているのを見かねて、これを収容するために、東京に滝野川学園を設立して、はじめてこの子らの保護と教育に手をつけたことにはじまるといわれる。

学校教育でこれがとりあげられて、劣等児や低能児といわれた児童のために、特別学級が設置されるようになったのは、明治29年に、長野市長野小学校に、晩熟生学級が開設されてからのことである。明治30年代の末ころから40年代にかけて、本県館林小学校をはじめ、大阪、東京などいくつかの師範学校附属小学校に特別学級が開設されて、劣等児や低能児の教育に手をつけている。

わが国においても、義務教育の制度が、ようやく国内にゆきわたり、就学率が高くなってくるにつれ、また就学年限が延長されると、学業の劣る子どもの措置が問題となり、研究されるというようになったのであろう。こうした折から、文部省が、明治40年4月に、師範学校附属小学校に対して「特別学級設置についての訓令」をだしていることは、注目すべき事実である。ともかく、このような状況のもとに、日本の精薄教育も、群馬のそれも、はじめられたものと考えられる。

註　特別学級

ここで、特別学級というのは、主として劣等児、低能児などの知恵のおくれた子のための学級と、ほかに盲、ろう、虚弱児学級などの総称であった。のちに、特別学級と特殊学級という呼び名が混用され、更に、特殊学級というよび方に統一された。

(2)特別学級の変遷

館林小学校においての、劣等児学級を含む能力別学級編成は、大正４年ころまでつづけられたが、種々の事情から廃止された。明治40年の文部省訓令がそのきっかけとなったり、あるいは、乙竹岩造氏著「低能児教育法」(明治41年)などの研究物に刺げきを受けて、そのころ全国の公立小学校の中には、相当数の特別学級が開設されたようだが、そのほとんど全部が数年にして解消している。附属小学校でさえ、僅かに東京高師の第５部を除いて、残念ながら永続きしなかったのである。

館林小学校と交替したかのように、大正５年に碓氷郡後閑小学校が特別学級を開設したが、これは、同７年に解消している。しかし、劣等児や低能児のよりよい指導法を心がける教師の意欲は強くて、そのための特別学級開設という動きは、相かわらず続いていた。このころ、東京市においても、公立小学校の特別学級設置が積極的にすすめられ、大正９年にはじまって、同

11年には学級数18を数えている。

大正12年になって、前橋市桃井小学校に、二学級の特別学級が開設された。学級開設の動機は、その担任となられた大沢りん氏らが、東京市林町小学校を参観して、そこの特別学級の経営に大いに感心して帰ったことからだという。よい仕事には、人に感銘させる力があり、その感動がまた新らしい仕事の原動力となるということを痛感する。桃井小学校の特別学級は、昭和2年まで5か年にわたって苦心経営された。しかし、社会的理解がすすまず、卒業後の就職のことで問題が生じたりして、解消のやむなきに至ったという。

桃井小以後も、特別学級の開設を考えた学校もあったが、実現にいたらず、昭和3年以降終戦時までの10年間については、本県では、特別学級(劣等児のための)はなかったようである。

館林小、後閑小、桃井小などの特別学級の経営についてのくわしい資料はないが、いずれも劣等児学級であって、当時の担任だった人たちの話によると、やはりそのころの主知主義の教育観に影響されて、もっぱら劣等児の学力を高めることに、努力がそそがれたということである。特に、読み書き算数などの基礎学習に力をいれて、それらの学力がすこしでも普通児に近づくように、指導をくふうしたという。大たい、これらの学級は、小学校の高学年に設けられたのであって、それで義務教育を修了するわけだから、基礎学力の向上に力をいれたという当時のやり方がうなづけると思う。

劣等児学級が影をひそめた本県には、新しく、虚弱児養護学級が誕生している。虚弱児学級は、大正15年に、東京市の鶴巻小学校で開設したのが、わが国最初のことであるが、本県では昭和6年から同16年ころにかけて、藤岡、安中、高崎、前橋などの各地で開設している。しかし、虚弱児学級も多くは数年で解消し、僅かに、昭和16年開設の前橋桃井小学校だけが、終戦前後の困難期を切りぬけて、余命を保ったにすぎない。

注　終戦後、昭和24、25年に、県内でいくつか虚弱児学級が設けられたが、体位の向上からか、その後廃止されているものが多く、昭和39年度に虚弱児特殊学級として認められているのは、桃井小の保健学級だけである。

⑶ 劣等児、低能児についての研究

精神薄弱児についての研究は、古くから諸外国で行なわれているので、わが国でもその影響をうけていることは勿論であるが、早くから特別学級を開設して、その経営に当った人たちによって、それぞれ独自の研究成果が発表されている。前記“低能児教育法”をはじめ、“劣等児教育の実際”(明治43年頃、東京高師附属小、小林佐源治)“促進学級の実際的研究”(東京、林町小学校長、藤岡真一郎)などの著書も出されて、関係者のよき指針となったことと思われる。

本県でも、種々の研究が行われたことと思われるが、記録が少なくて残念なことである。その中で、大正11年に、前橋市桃井小の石垣保、田篠岩之丞の両氏が“群馬県下の異常児実態調査”(精薄児、性格異常児)を手がけたことは、特筆に値する。

その結果のまとめがなくて残念であるが、先輩の着眼と熱意に敬服するものである。また、昭和のはじめに本県の特別学級は消滅したが、その後も、精薄児などの異常児の対策が、教師たちの大きな悩みであったとみえて、“特殊児童調査”というような形で実施された調査資料は、今も残されており(桃井小)、鈴木ビネー法を参考とした精薄児の判別法が、早くからとりいれられていたことがわかる。

厩橋病院長として、前田忠重氏が着任すると、昭和7年ころより、その専門的な立場から、学校教育とちえおくれの問題をとりあげて、社会的啓発に手をつけられ、精薄児の処遇の改善を訴え続けられていることは、関係者のよく知るところである。昭和16年より3か年にわたって、前橋市内の学業不振児の調査を実施して、これらに対する教師の関心と理解を深めるための努力をされたことも、忘れてならないことである。

こうした中で、本県教育界に、特殊教育についての論議が生まれたことは事実であり、昭和12年北甘楽郡富岡小学校の黛節夫氏が、町当局に対して“精薄児のための特別教育施設の開設を要望する”論文を発表されていることも、そのあらわれとして、うけとることができよう。

第２章
福島の精神薄弱教育

(一)戦前

1　文部省の訓令(明治40年)を受けて

昭和33年11月26日発行、文部省編『盲聾教育八十年史』58ページに、「明治40年文部省訓令第6号と『特別学級』」という見出しで、次のように書いてある。

……全国的に影響のあるものとしては、明治40年4月17日付、文部省訓令第6号で、師範学校規程改正の趣旨を明らかにし、この訓令中に、師範学校付属小学校について、「規定ニ示セル学級ノ外ナルベク、盲人、啞人、又ハ心身発育不完全ナル児童ヲ教育センガタメ、特別学級ヲ設ケテ、コノ方法ヲ研究センコトヲ希望ス。蓋シ此ノ如キ施設ハ、従来未ダ多ク見ザル所ナリト雖モ、我ガ国教育ノ進歩ト文化ノ発展トニ伴ヒ、将来ニ於テハ、ソノ必要アルヲ認ムルヲ以テナリ」という一節が加えられてある。

この師範学校付属小学校に盲・聾児特別学級を設ける計画は、すでに明治35年宮城県師範学校付属小学校において実施され、また岡山県では、教育上の機会均等を図るために、明治38年から、全県小学校に、盲・聾児を入学させて教育しようと計画したことは、すでに述べたとおりであるが、今回の訓令はこれを全国的に実施しようとしたものである。

更に、次のように述べている。

文部省のこの提案は、多くの師範学校付属小学校に受け入れられず、実施したのは、精神薄弱児の学級が、福岡・岩手・姫路各師範学校および東京高等師範学校の4校であり、「盲唖学校」を設置したのも、徳島(明治40年盲・聾)、高知(同41年聾)、和歌山(同42年聾)、三重(同43年盲)の4県師範学校付属小学校にそれぞれ一学級ずつの特別学級が設けられたに過ぎなかった。……中略……精神薄弱児の学級もまた、東京高等師範学校付属小学校に設けられたもの以外は、いずれも、数年後に廃止の運命を免れなかった。……以下略

２　『福島県教育事蹟』(大正３年)から

それでは、このような特別の学級を設けることについての文部省訓令に対して、本県における反応は果してどのようなものであったか。

イ　岩瀬郡須賀川第一尋常高等小学校の例

大正3年12月14日発行、福島県編『福島県教育事蹟』118ページを見ていただきたい。そこには岩瀬郡須賀川第一尋常高等小学校特殊児童取扱に関する規定が書いてある。煩をいとわず、その要点をここに書きとどめておく。

……

特殊児童の種類

　第一類　視覚の不完全なる者

　第二類　聴覚の不完全なる者

　第三類　身体の不完全なる者

　第四類　劣等児

……

劣等児の種類

　教育上劣等児と称するは教授に対する反応性の微弱なる児童にして如左区分せらる。

　第一種　注意の纒らざる者……強壮体の者

　　A　軽卒なる外見のもの

　　B　遅鈍なる外見のもの

　第二種　興奮性の不足なる者……病体の者

　　A　滋養欱乏より来る者

　　B　神経衰弱より来る者

　第三種　集心力を全く欱き居る者……白痴者　種類甚だ多し

……

劣等児取扱上の注意

　甲　養護上

　第一種　この種の児童に対しては管理を厳重にし常に左の各項に注意するを要す

　　A　口を塞がしむること

　　B　腮（あご）を引かしむること

C　鼻より息をせしむること

D　手足の置き所を定めしむること

E　恥を知らしむること

第二種　この種の児童は病人なれば学習を強ゆべきものにあらず。家庭と協議の上、修業年限を延長し、気長に学習せしむべし。而て家庭に向っては左の如き注意を促すべし

A　睡眠の規律を正しく十分に眠らしむること

B　入浴後直に就眠せしむること

C　食物は塩分を含むものを与ること（肉類又は海藻類等）

D　運動を適度になさしむること

E　よく笑はしむること（心情を快活ならしむること）

F　学問は第二とし、第一に身体をつくること

第三種　白痴学校に入らしむべきものにして通常の方法にては如何ともなし得ざるべし

ロ　大沼郡川路尋常小学校の例

同書142ページには、大沼郡川路尋常小学校劣等児童取扱に関する研究（附　優等児童取扱法）が載っている。

まず、その目次。

序

1　劣等児童及優等児童の意義

2　劣等児童発生の原因

第一　内部的固着原因

第二　外部的随伴原因

3　劣等児童につき調査すべき事項

4　劣等児童の父兄に注意すべき事項

5　劣等児童取扱の方法

甲　其概目

乙　其実際

丙　訓練上取扱の大要

附　優等児童の取扱方

同書150ページの末には、児童組合（くみあわせ）法の標準として次のように書いている。

机間の巡視の便利及特別注意を要する場合に便利ならしめ且つ劣等児童の救済及優等児童をして劣等児童学習の補助とを目的とする為め劣等児童の席を優等児童の席と配分して次の組合（くみあわせ）法をとる。……中略……

そして、同書160ページで次のように結んでいる。

劣等生の為に特別学級又は補助学級的のものを編成することの短所

1　経済上不能なること

2　児童の模倣的競争的傾向を萎縮せしむること

3　優等生の利用出来ざること

4　非社会的不自然の状態に入るゝものなること

即ち、特別学級又は補助学級的のものに収容されたる児童は、自分は劣等組である、低能的のものであると自ら卑下し、軽んじ、為に奮発心を欲くと同時に、一般児よりは不知不識の間に劣等組と目され、自然訓練上等にも悪影響を来さざるか。つまり、自信の心を養はんとして比較的其功を納めることが出来ないではあるまいかと思ふ。

右のように、本県においては、特別学級を設けることについて疑問と抵抗があったのである。

3　福島県師範学校附属小学校の特別学級

本県において精神薄弱児の教育が、学級という形で初めて取りあげられたのは、大正12年である。

大正3年から昭和4年まで、14年10ヵ月にわたって福島県師範学校附属小学校に勤務した鈴木豊蔵は、郡山の自宅で次のように語る。

大正12年4月1日から特別学級を始めようという意見はあった。しかし、4月は計画のみで、新校舎への引越、それから、関東大震災などで、新しい計画は地に着かなかった。

計画は、小沢恒一主事(大9.3～大14.6)が立てたもので、これを引きつぎ発展させたのが、野口彰主事(大14.9～昭6.3)であった。

『福師創立六十年』97ページ、『福島県教育史』第2巻219ページを参照のこと。現在の福島大学教育学部のいわゆる腰ノ浜の校舎は大正12年7月15日竣工。

さて、この特別学級の担任者について。

初代　横山　長治(大12.3～大13.10)

括弧内の数字は『福師創立六十年』の中に書いてある「附

属小学校に勤務した年月」である。だから、その年月が全部、特別学級に勤務した年月とはならない。

横山長治が特別学級を担任したのは、一年くらいのもの。

2代　近藤　景助（大13.10 ～昭3.3）

特別学級を担任したのは、せいぜい6ヵ月程度。

3代　石原　栄寿（大14.3 ～昭2.3）

4代　渡辺　政吉（昭2.3 ～昭3.3）

5代　長沼　幸一（昭3.3 ～昭4.9）

6代　安部　丑亥（昭4.4 ～昭10.3）

長沼幸一も安部丑亥も健在。

7代　高木　栄三（昭11.4 ～昭14.3）

8代　小林　美秋（昭13.9 ～昭15.3）

9代　荒井　正親（昭15.4 ～昭19.3）

10代　内池　幸吉（昭16.3 ～昭24.3）

高木栄三は現在の松坂栄三。松坂栄三、小林美秋、荒井正親、みな健在。内池幸吉のみ他界。

松坂栄三は、昭和13年12月、突然、6年生担任に変更。したがって、小林美秋にとっても突然、昭和13年12月から特別学級担任。松坂栄三の話によると、この学級は「愛護学級」と称していた。

『明治百年福島県教育回顧録』700ページ以下も参照されたい。ただし、若干の修正を願いたい。

附属小学校では大正の初め頃、石原栄寿氏によって始められた。当時、附属小で箸にも棒にもかからない白痴に近い子供達を集めて特別学級といって、学級で保護していた程度だったようである。

というのは、少々誤りである。その次の701ページでも、

高木栄三氏が担任したが、まもなく太平洋戦争となり、不経済な学級という軍部のねらうところとなり、特殊学級の全国的閉鎖により、精薄学級のつくられた歴史の第一段階はここに閉じたのである。

これも、正確さを欲いている。内池幸吉は、生前自分の力不足から附属小学校における特別学級の最後の担当者となったことを非常に恥じていた。

同じ701ページの上段で

石原、長沼、安部氏の教育を福島で見ていた白河第三の近藤毅二氏は小林貢氏を指導し、白河第三に精薄学級をつくった。しかしこれは促進学級的方法で、本当の精薄教育ではなく、教育をほどこし原級にもどす方法であり、……中略……促進学級から精薄学級の過程には、一つの矛盾があるので、小林氏はその矛盾を感じ、のち大笹生学園の長沼氏のもとに走り、そこで精薄教育を身につけ、希望ガ丘学園長になり、星病院の施設にうつったが、現在は行方不明になっている。……中略……精薄教育に従事する教師の……あるべき姿が現在でも問題があるようだ。

と書いている。

促進学級と名づけられるものについての専門的な探究は暫く措くとして、あとで述べる予定であるが、小林貢は長沼幸一よりも一足先に大笹生学園入りをしているのである。

また、701ページの下段では、二本松小学校に開設された特

殊学級に触れ、

> むかし附属で実施したようなものであり、教育可能のものでなく、教師は子供を伸ばし引きつけてゆく教育までは実施できなかったようである。

といっている。これも一部は既に「本県病弱・虚弱児の教育」の項で述べ、また、その一部はこれから述べるつもりであるが、二本松小学校には二種類の特殊学級が開設されていた。

それから、「この当時、同じ安達郡本宮と会津(注…鶴城小のことか)に特殊学級が設立されたが、教師が二人とも頭が変になって一人は精神科に入院したような次第で、その後しばらく特殊教育が一時停止の時期であった。」とも書いている。そして、これに対比させるつもりではなかろうが、「昭和27年10月、福島市に特殊教育研究集会がもたれた。」といい、自分が、当時の福島第四小学校の校長桑原明に招かれて、この研究集会を切り抜け、以後「年々その効果をあげ……」、精薄児教育の発展に寄与し、その後、「普通学校の校長になって転勤した。」といっている。

こういう文章とは対照的に、702ページの下段から703ページの上段にかけて、安部丑亥は、先輩、恩師は勿論のこと、自分の担当した特別学級には直接には関係のなかった同僚に対してまで、感謝の意をあらわしている。後述する予定の現在の東洋学園長、長沼幸一は、筆者に対して、どういうおつもりであったか、「安部先生の記録を参考になさい。」という。(昭和11年3月発行の安部丑亥の著害『精神薄弱児の育て方教へ方』が残っている。)

長沼幸一の功績については、筆者が述べるまでもない。昭和28年度『福島県教育のすがた』48ページをごらん願いたい。学制発布80周年記念に「教育功労者」として表彰された者が7人。そのうちの一人が長沼幸一であり、その功績は「特殊児童の教育」である。表彰を受けたのは今から20年前。そして今なお現役として「特殊児童の教育」に従事している。

長沼幸一の人となりを示す彼の一文をここに載せておく。

この頃、私は当時の日本に数少なかった精薄施設をたづね歩いた。大島の藤倉学園に川田先生を、滝野川学園に石井先生の業蹟を、そして京都鷹ヶ峯に白河学園の脇田先生といった日本精薄教育の大先覚者に教えを乞うて廻ったものである。

第３章
大分の精神薄弱教育

1　県民皆学

「必ず邑に不学の戸なく、家に不学の人なからしめん事。」これは明治の国是である。小学校の落成式に知事が出むき、就学を督励する。県民皆学運動の中に劣等児教育の種はやどされていた。

女子の就学について

大野郡学務委員会談「是迄女子ノ就学ハ甚ダ少キニツキ、一層督責ヲ加へ、女子ヲシテ就学セシムルヲ要スルモノトスル。」（「大分県教育雑誌」明治18・6月号・原文のまま）

夜学・半日学校の奨励

文部大書記官辻新次演説「土地ノ情況ニヨリテハ半日学校トカ、夜学校トカ云フモノヲ以テ、授業スベカラシム」（「大分県教育雑誌」明治18・10号・原文のまま）

従来3時間より減縮できなかったものを、3時間に引きさげ、学ぶ子の数をふやそうとしている。

校舎ハ民屋ヲ充テルモ可

文部省権少書記官吉村寅太郎来県談「校舎ハ通常ノ民屋ヲ以テ之ニ充テ…如何ナル寒村トイヘドモ容

易ニ之ヲ設クルヲ得セシメ、如何ナル子弟モ学バザルモノ、無カラシメントス。」(「大分県教育雑誌」明治18・11月号・原文抜き書き)

森文部大臣説示

文部大臣森有礼は奥州六県を学事巡視、説示の安旨として次の一節がある。
「自理和働」各自その区域に属する責任を尽して以て日本帝国の独立の実を愈々正確ならしめよ。
「気力は本なり、学芸は末なり。」蓋し気力ある教員に非ずんば、気力ある生徒を養成する能わず。
「女子教育」蓋し女子は天然の教員として可なる者なり。(「大分県教育雑誌」明治21・12月号原文抜き書き)

夜学ノ設置ヲ望ム

明治25年2月の県共立教育会臨時総会の席で、「尋常小学科夜学ノ設置ヲ望ム」と題し、地方委員、南和の所説が述べられている。「カツテ臼杵町ニ於テ、尋常小学校ニ簡易科ヲ併置セシハ、明治20年ナリキ。爾来種々ノ事情ニヨリ、簡易科ヲ悉皆夜学トセシハ、明治22年ナリキ。当時ニアリテハ生徒ノ減員セン事ヲ憂ヒシモ、却ッテ反対ノ結果ヲ表シ、著シク生徒ノ増加ヲ見ルニ至リシハ、是レ其ノ就学ノ便利ヲ得タルヲ証スヘシ。依テ5年間ノ就学生徒人員表ヲ示ス、左ノ如シ。

臼杵簡易学校就学生徒人員表

年度	明治20年	21年	22年	23年	24年
就学生徒数	58	52	129	162	154

「現今臼杵簡易学校生徒中、授業料ヲ出シ能ハザル者ト、昼間業務アル者トハ、十分ノ九余ニ当レルガ如シ、是レ夜学設置ヲ希望スル所以ナリ。」(「大分県教育雑誌」明治25・2月号・原文のまま)

授業料の格差

町村立小学校授業料規則

第１条　授業料ノ額ハ町村長ニ於テ左ニ掲クル処ノ範囲内ニ就キ其町村又ハ区ノ意見ヲ聞キ之ヲ定ムヘシ。

尋常小学校　一人一ヶ月　弐銭以上弐拾銭以下

高等小学校　一人一ヶ月　拾銭以上五拾銭以下　(「大分県教育雑誌」明治25・3月号)

小学校落成式に知事出席

明治36年10月塚脇尋常高等小学校の落成式に、来賓として、大久保知事出席、往路湯平から千町無田へ山越えし、飯田高原の朝日分教場に立寄り、その子らをあわれんで金一封を下賜した。

明治37年6月1日、速見郡朝日小学校落成式に、大久保知事臨席、代表挨拶に出た児童矢田文吉佐藤マツの二人とも、貧家の子女であることを、二人と話して知った。二人が恐れもなく、

家庭事情を話したことに知事が感激、激励した。(いずれも要旨、「大分県教育雑誌」明治36・11月及び明治37・6月号)

就学猶予6,600人

「県下の就学猶予は、男子1,300人、女子5,300人余あり、貧生は女子に於て甚だ多し。」(「大分県教育雑誌」明治37・7月号)

底流点描

明治18年大分県共立教育会結成から、大正11年に至る間の歴代会長は、知事6名、書記官・内務部長8名、師範学校長4名である。

ちなみに知事は、初代明治18年「西村亮吉」　10代明治35年「大久保利武」　11代明治39年「小倉久」　12代明治42年「千葉貞幹」13代明治45年「昌谷彰」　14代大正2年「川口彦治」となっている。

教育団体の長に知事が就任することの可否は別として、明治の行政が、いかに教育を重要視していたかは充分伺えることである。いろいろな問題ははらんでいたけれども、就学督責はまた各種の特別学級をつくり出し、その中で貧困家庭や、知恵の遅れた子供の教育が芽ばえていった。

第4章
山形の精神薄弱教育

第1節　飽海郡中平田小の劣等生教育

中平田小は、当時純農村地区にあり、家庭の大半が貧困であったという。

当校における劣等児教育は、明治38(1905)年2月〔～昭和5(1930)年3月〕より赴任した校長能登山勝太郎※が、不遇な境遇の中で落第生(不合格児童)となった児童を救わんとして、特別な指導を試みたことに始まる。当時「不合格児童ノ多クハ子守児童若クハ家事不都合ノ為メ欠席カチノモノ」であったという。

※明治10年3月26日飽海郡中平田村大字勝保関に生れた。同32年3月山形県師範学校を卒業し、飽海郡北平田小学校訓導となり、後中平田小学校に転じた。同38年3月、同小学校の校長に任ぜられ、昭和5年3月依頼退職するまで同一学校に勤続した。(上倉裕二編　山形県教育史(人物篇)昭和28(1953)年3月30日)

また、当時中平田小は、隣りの亀ケ崎小と学力テストの競争つまり、学校間で尋4以上の児童を対象とした比較試験をやっており、この競争に勝つための英才教育には力が入れられていたという。それと同時に、劣等児の学力伸長にも力が入れられたのだという。これも、劣等児教育をはじめた理由と考えられる。

落第生の実態を、子守児童であるが故に劣等生となり、他の劣等生とともに特別教育を受けたという中川氏の証言を中心に考察してみたい。中川氏はいう。

「尋常3.4年までは子守をやりながらの通学はめずらしくはなかった」が、上記の比較試験のため尋5以上の児童は、就学を強要され「家でもなるべく子守をさせぬように心がけた」という。しかし、「子守児童は、それまで子どもを背負いながら学校にやってくるのであったため、赤ん坊が泣いたり暴れたりするというので、普通の授業時間は厄介ものとされ、授業を受けさせてもらえず、教室の外に追いやられて廊下等で遊んでいざるを得なかった」状態であったという。したがって、5年より通常に授業を受けるといっても、4年までの学習の空白部分が大きく、一般の児童との学力の格差が大きく、優等生・普通児と劣等児を分けて指導しなければならない状態であったという。

それ故に、学校側としては、子守児童をはじめとした落第生・劣等生を、放課後特別に集めて２～２時間半位の教育を施した。

このことが、明治41年度の沿革誌上の記載であろうと推察する。

「本年度ハ一躍シテ就学歩合九八ニナレリコレ女児ノ不就学児童ヲ入学セシメ特別学級ヲい編成シ」

この特別教育は落第生を救い優等生と劣等生の学力の差を縮めるための方策であったといえる。

さらに中平田小は、この経営を発展させて大正6年からは、尋常5.6年に対して能力別学級編制を実施した。

しかし、この編制を明らかにする資料に乏しく、その実態の詳細については不明であるが、当時中平田小で教職にあった結城豊太郎氏は語る。「当時は、１学年がほとんど２クラスあった。それを各学年、優組と劣組に分けてやっていた。人数が足りない場合には、たとえば5年と6年とを一緒にして優を集めて１組とし、劣を集めて、また１組ということでやった。」という。

この編制は、しばらく続けられたようである。大正13年2月11日に行われた本県教育効績状伝達式並びに教育功労者表彰式において、中平田小校長能登山勝太郎が表彰されたがその事績の一に、能力別学級編制の実施に対する功績が含まれていた。

「……学級編制は大正６年以来能力別編制を実施し(但し尋常５６年)優良児童を激励して十分天禀を伸へしめ、中劣児童に対しては間断なく補充教育を行ひ、所謂落第生は一名も之を出ささる方針を採りつつあり。……」

この学級編制法は、いつまで続いたか明らかではない。

以上の当校における実態をみると、小学校令改正後の就学率の向上と、義務年限の延長による落第生の大量発生があってその対策に迫られていたこと、及び日露戦争後の国民資質の造成のための国民の学力水準の向上の要請として、近接校との比較試験に対処する上での劣等生の学力向上問題をかかえていたこと、この2つの問類解決のため始まったものといえる。

したがって、それは、落第・劣等生の学力伸長を目指した救済策としての特別教育であった。

第２節　酒田町琢成尋常高等小学校の劣等生教育

琢成小では、校長五十嵐三作のもとで、明治41年11月19日、「劣等性取扱規定」を設けたが、これは明治28(1895)年来行ってきた劣等生の特別取扱に一層の精力を傾けようとしたものであった。

明治28年来の劣等生教育については、明治41年の沿革誌上にみえるのみで、その他に資料がなく不明である。

この明治41年規定の設定理由を沿革誌の記事からみると次の如くであった。

「劣等生取扱方法ヲ一斉ニス蓋シ劣等生学力補足教授ハ明治28年来已ニ行フ所ニシテ其制ヤ久遠ナリト雖トモ担任教員ノ力量ニ一任シタルノ観アリシカ多年考究ノ結果此年漸ク撥一ノ状ヲ呈スルアリ故ニ其ノ効果ノ著シキヲ採リ此制ヲ定ム劣等生児童取扱規定目之ナリ」

※この規定は、次に掲げるように9条よりなるものであったが、この規定の作成にあたっては、織田勝馬・白土千秋著「小学児童劣等生救済ノ原理及方法」(明治40年刊)を参考にしたものと思われる。

劣等生取扱規定

「第１条　本規定ニ於テ劣等生ト見做すスヘキモノハ児童成績考査規定ニ依リ２教科カ３分点ニ満タサル者通約6

分未満ノ者及之ニ準スヘキ者ヲ云フ

第２条　劣等生ヲ分類スルコト左ノ如シ

1、病的劣等生

(甲) 先天的又ハ後天的ニ精神上障碍ヲ有スル者即瘋癲白痴痴愚等之ニ属ス

(乙) 先天的又ハ後天的ニ身体上障碍ヲ有スル者即身体不具ナル者筋肉機能ノ機械的ニ不器用ナル者感官ニ障碍アル者及神経衰弱等之ニ属ス

2、比較的劣等生

(甲) 授業中不注意ナルヨリ結果スル者

(乙) 家庭ニ於ケル勉学状況ニ欠損アルヨリ結果スル者

(丙) 欠席欠課ノ多キヨリ結果スル者

(丁) 子守等ノ為満足ニ授業シ得サルヨリ結果スル者

3、準劣等生、児童成績考査規定上合格部類ニ属スルモ概シテ低能格兆候ヲ有シ放任セハ発展伸張セスシテ萎靡ニ終ルヘキ傾向ヲ認ムル者

第３条　第2条第1項甲号ニ属スル劣等生ニアリテハ学校医ヲシテ検診セシメ之ト協議ノ上最適当ナル方法ヲナスベシ

第４条　第2条第1項乙号ニ属スル劣等生ハ前条ノ規定ニヨルヘク且事情ニヨリ特殊ノ学科ヲ欠クコトヲ得

第５条　第2条第2項及第3項ニ属スル劣等生ニアリテハ一般授業中特別ノ注意ヲ払フハ勿論始業若クハ休憩時間ヲ利用シテ補修教授ヲ施スヘク第2学期以後ハ同

学年受持教員ハ各々若クハ学科分担制ニヨリ終業時間後一定時限特別教授ヲ為スモノトス

第６条　前条ノ場合ニ於テ終業時限後1時間以上残留セシムル時ハ規定ニヨリ其旨予メ保護者ニ通告スヘシ

第７条　特別教授ヲ為ス場合ニ於テ時宣ニヨリ優等生ヲ使用スルコトヲ得但シ此場合ニ於テハ其旨保護者ニ通告スヘシ

第８条　劣等生中進歩著シク特別教授ノ必要ヲ認メサル者アル時ハ何時タリトモ之ヲ控除スルコトヲ得

第９条　特別教授及教授手伝トシテ児童ヲ居残ラシムル時ハ左ノ様式ニヨリ件名簿ニ記載済ノ上児童ニ持帰ラシメ夫々父兄ニ通告スヘシ

第　号

殿儀学科不充分ニ付当分毎週　曜日放課後約　時間居残ラシメ特別教授致度候条御了知相成度此段得貴意候也

年　月　日　　　　学校

殿

第　号

殿諸教科復習旁特別教授手伝ヲ兼ネ当分毎週　曜日放課後約　時間居残ラシムヘク候条御承知相成度此段得貴意候也

年　月　日　　　　学校

殿

この規定において注目すべきことは、「病的劣等生」の存在を取り上げている点である。つまり、この時期における第1の潮流の動きとしては、劣等たる原因を教授側の不徹底や児童の不注意などにおいていたにすぎなかったのであるが、本校ではそれから一歩乗り出している。また、先天的又は後天的な精神的障害を有する劣等生には、学校医による検診を行い、それによって適当な方法を講ずる方針をたてていることも注目すべき点である。

しかし、実際的な取扱としては、この規定による限り、病的劣等児に対する方策や学校医の検診後の適当な取扱法について、全く明らかではなく、それら児童に対する取扱も同じように補充教育によって対処しようとしていたにすぎないものであったろうと推察する。

以後、この規定に基づいて劣等生の救済が実践された。

大正3年2月1日、校長五十嵐三作は、教育選奨式において文部大臣より小学校教育効績状を受領したが、この受領事績の一に、「4. 劣等児童の取扱」があげられていた。

「……朝教授時間前或は昼食後退校後等に於て受持教員をして監督指導の任に当らしめ其甚しき劣等の教科にありては学年に依らず其の実力によりて該当の学年教室に入れて教授し尚長期休業中は度々学校に召集して補導教授す」

五十嵐は、この表彰をさらに発展の契機として、ますますこの方面に努力を傾け、校長を勇退する大正12(1923)年5月まで、この規定をもとにして劣等生の救済を続けたものと思われる。

大正12年6月、校長は、山田與太郎に変ったが、山田は五十嵐の経営を踏襲し、それを土台としてさらに発展させるように多大の労苦をはらった。特に劣等生の取扱には真摯に取り組み、大正15年、酒田町の3校同時に特殊学級を開設させるまでに発展させるのである。

第3節　教員講習会に表われた劣等児教育への関心

以上飽海郡の2小学校の実態を例にとってみたが、果して県内各地及び県内小学教育界では、この劣等生問題をどのようにとらえていたのだろうか。

明治44年に開かれた「第一回小学校本科正教員講習会」において、協議問題として「一、劣等生取扱良法如何」が提出された。やはり当時の教育界における一つの問題となっていたことが知られる。提出者は、「当校に於て取定め実施しつつあるものを成案」として報告している。それは、次のようなものである。

「(1)劣等児童名簿

各学級に於て劣等児童の名簿を製し之に劣等学科及原因其他必要なる条項を記入し置き受持教員に於て該児童に対し特別に教育をなすこと。

(2)特扱方法

1. 劣等生を出さざる様学年の最初より注意すること。
2. 劣等児童には殊に親切を尽くし奨励鼓舞し冷罵叱責等を加へざること。
3. 教授中劣等児童の指名を多くし若し言い得ざるとき

は他を指し再び劣等児童をして言い得るものなるを自覚せしむること。

4. 宿題を課すること簡易にして出来得るものなるべし。
5. 退校後又は始業前練習教授をなすこと。
6. 劣等に陥りたる原因を研究すべし又劣等児童の佳良なる成績を見出したるときは大に之を賞讃し自信力を奮起せしむること。
7. 或事情の為無理に進級せしめ次学年に至り却て困難に至り劣等児童たらしむる如きことなき様注意すること」

以後、当講習会では、この方面の教育に関する協議題が毎回のように提出された。

第2回講習会(明治44年3月)「一、個性調査並に其発展方法」
第3回講習会(明治44年5月)「一、白痴児童(及び此の程度に類する者)に対する教授上取扱の実況を承りたし」
第8回講習会(明治45年1月)「22. 低能児取扱ひ方法」
第9回講習会(明治45年2月)「5、劣等児童取扱法」
第10回講習会(大正元年10月)「4、低能児(愚の意)の教育を如何にすべきか附教室内に於ける児童排列の良法」

また、明治44年8月、文部省視学官槇山栄次(既述の如く明治40年12月、官報にマンハイムシステムを報告)による夏期講習会が米沢市を会場に開かれた。講習題は「小学校に於ける実際問題の理論的研究」第1章より第14章からなるものであった。その中には、個性教育及び学級編制に関する次の2章が含まれていた。

「第5章　個性調査及成績考査
個性調査の必要
個性調査に対する科学的方法の適用
1、系統的観察法　2、実験法、(イ)テストメトーデ、(ロ)発表法　榊医学博士の調査　3、測頭法
成績考査の困難、試験法の利害、平素の成績を考査する3様の方法
第6章　学級の組織に関する問題
1学校の学級数及1学級の児童数、単式編制と復式編制、2部教授、同学年の児童を数学級に編制する方法、特別の児童に対する学級、男女共学に関する問題」

第4節　山形県教育品展覧会における劣等児教育出品物

大正5年「山形県教育品展覧会」が開かれたが、劣等児の取扱に関した研究物の出品がみられた。その出品研究物は次のとおりである。

南村山郡金井尋常高等小学校「劣等児ノ救済方法」、東村山郡蔵増尋常高等小学校「劣等ニ関スル研究」、南村山郡出羽尋常高等小学校「劣等児取扱方法」、東田川郡広瀬尋常高等小学校「不合格児童救済ニ関スル研究」

この時期における劣等生取扱の実態を知るために、これらの

出品研究物中の金井小「劣等児ノ救済方法」を取り上げてみたい。

「1、教師の態度

1. 劣等児を指導するには常に盲人の手を執りて、路を行くが如き態度をとること。

2. 満腔の同情を以で常に根気よく指導すること。

2、劣等児の席

1. 劣等児の席は可成教壇に近つくること。

2. 劣等児を優等児の傍に置き優等児をして補助授業せしむこと。

3、自働課業

1. 自習時間に於ける予習復習練習等は劣等児につき特別に補助を与ふること。

2. 予習は可成授業時間以外に於て補助を与ふること。

4、問答

2. 劣等児には抽象的総括的の発問を避け具体的部分の発問をなすこと。

3. 簡単にして容易なる発問は可成劣等児に答へしめ其の答に不完全なる点あるも之を許容して喜び勇んで教師の発問に答ふるやう習慣をつくること。

5. 劣等児には屡々複演せしむこと」

なお、大正4年2月11日に行われた教育効績状伝達式並教育功労者表彰式において東田川郡藤島小校長佐藤又七及び米沢市興譲小校長歌川源太郎が表彰されたが、その事績の一には、いずれも「劣等生教済への努力」があげられた。

第5節　まとめ

以上のように、明治末から大正初めにかけた時期における山形県の劣等児に対する特別教育の動向をみてきたが、その必要性に対する認識は、県下各小学校の校長はじめ教員の間にも広がり、教育界の大きな問題の一つとなっていたようである。そこで、県下各小学校では、それぞれの独白のやり方で救済策が講じられていたとみられる。

その救済策として、県下各小学校に共通した取扱方法は、1)教師の親切・忍耐・老練、2)教授時間外の補充指導、3)席次の工夫、4)優等生の利用、5)教材・発問の具体化・容易化、6)発言の機会を多く与える、7)賞讃による自信力の奮起などであり、教授側の教授方法の改善や指導の徹底によって救済できるとの考えに立つものであった。

また、ここにおける救済とは、あくまでも落第させずに進級させるか、不振教科の学力をいかに伸長させるかという点についての対策であり、学力の伸長を第一目標として進められたものであった。したがって、児童の個性に目を向け、それぞれの個性､特異性に応じて教育を施すという段階には至らなかった。

この実態を全国的な流れの中でみると、第1期後期の第1の潮流(表)に、その実態においても時期的にも全く相応するものであることを知るのである。

そして、この流れの中で、県下各小学校においては、従来の画一主義教育に対する疑問が芽ばえはじめ、劣等児には、普通児とは異った指導が必要であるという認識を深めるに至るのである。この画一主義教育への疑問と、劣等児をなんとかせねばならぬと思う教師の焦りは、第一次大戦後の大正デモクラシー及び自由教育の風潮の中で、画一主義教育の打破、個性尊重の教育、引いては、精薄教育を生むのである。

（中略）

表

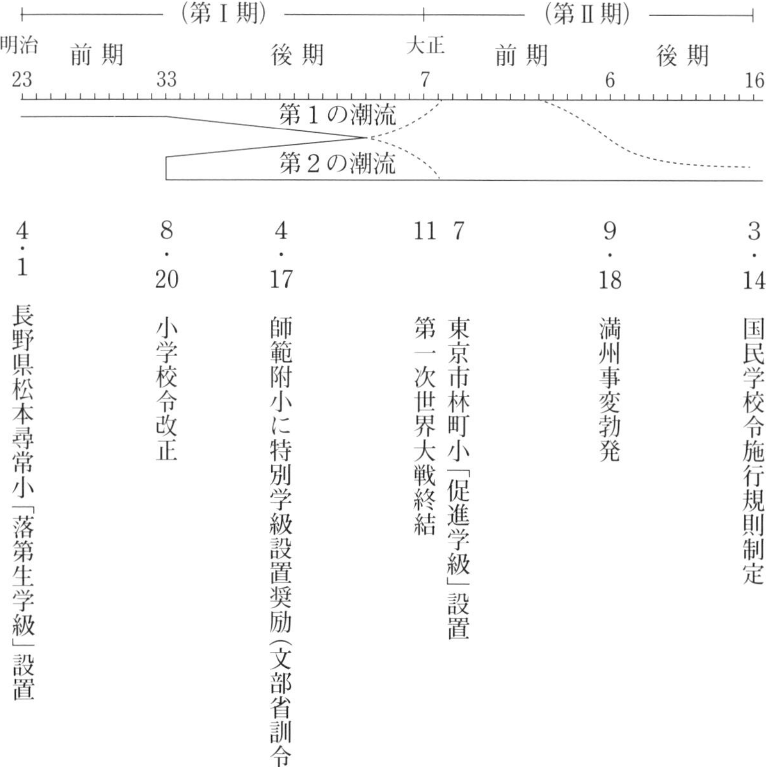

第１節　女子師範学校附属小学校「特別学級」の実態

山形県女子師範学校附属小学校（以下女師附小という）は、152ページ（著者注：原書のページ数）でみたように、大正11（1922）年９月、県当局の依頼を受けて、特別学級を開設し、約半年間ではあったが劣等児救済法の本格的な調査研究をなしたものであり、山形県における第１次大戦後の劣等児教育施設の嚆矢といえる。

１　低能児調査方針

女師附小も、県当局や教育現場から個性教育殊に劣等児教育の必要性が叫ばれる中にあって、同様に劣等・低能児の調査・研究に力を入れていた。そして、大正11年は当初、県からの依頼を意識してか、低能児教育方針をかかげて研究に取り組んでいた。これについて当時の山形新聞は次の如く報じている。

「女師附小では目下極力低能児の調査を行つて居るが其の鑑定標準とする処は一、遺伝即ち父母祖父母の健否或は種々の病気酒毒等を調査し二、環境としては両親の精神状態周囲の人の精神状態家族中の飲酒並に其酒癖を見て児童に及ばす影響を稽え大体は以上に依つて鑑定する事が出来るのであるが尚家庭に於ける教育状況誕生前即ち母体が健康状態精神状態及び誕生状況を詳細に調べ其れより身体の発育に就きては殊更細項に亘り研究調査を為す筈であるが一般的にも分かる特徴は……歯列の有様は如何、頭は福助形であるか又は光りて小に過ぎざるか等に就きて観察するのであるが、こうして大体低能児に属すると云う事が分つた上は更に其児童の長所を見出し之れを助長せしむる事に努め卒業後に於ける方針等も大体学校に於て定めてやる方針であるそうだが、多くは技能方面に向く様で……兎に角彼等の多くは中流以下の家庭に育つもので学校で許り気を揉んでも家庭に於ては小供の教養方面に力を入れる余力が無いので結局効果の薄いものになる事を非常に遺憾とするのである」

つまり、鑑定の標準とするところは、主に環境及び医学的方面からであり、教育の方針は、児童の能力を引き出す教育をめざし、将来の職業選択まで考慮しようという方針であった。

2　県より劣等児救済法研究の依頼をうける

既述の如く県は、以前よりこの低能児救済法の本格的な研究を男女いずれかの師範学校に依頼する予定であったが、女師附小が上記のような方針をもって、大沼主事の熱意のもとに積極的に低能児調査を進めようとしていたために、結局、女師附小にその調査を依頼することとした。そして「大正十一年七月十九日教育資金ヨリ金壱百円ノ劣等児指導費」を配当したのである。

そこで女師附小は、この依頼を早速受け入れ本格的な研究に入った。

3　石澤清太郎訓導「低能児教育法講習会」へ出席

まず、機よく同年8月25日より一週間に渡って、東京帝国大学内に開講された「低能児教育法講習会」に石澤清太郎訓導を出席させた。この講習会における講師および講義題は、杉田直樹医学博士「低能児の医学的診断と治療及び予防法」、久保良英文学士「低能児童の知能測定法」、樋口長市東京高師教授「低能児の学級編制と教授上の取扱」であった。

ここで石澤が学んで来たことを石澤の談によってみたい。

「杉田博士の話は学校医として心得て置くべき事柄が沢山ありました。是非今後の学校医は自己の受持区域の児童の知能を医学的に測定してその結果を教育者に供給して貰ひたいと思ひます。低能児童の多くは身体的欠陥より来るもので、夫れが遺伝的に将来又後天的に現はれて来るものですから夫れ等は早く医師の治療を受けなければならない。自分の教育しつゝある子供が如何なる知能を有してゐるかを知る事は教育上極めて必要な事柄であつてその知能の程度を基として我々教育者は学級を編制しなければならない。

従来は教育年令即ち満6歳になりさへすれば知能の如何を顧みず入学を許可し、且夫等を打つて一団とし学級を作つたのであったが、之からは先づ以て知能を測定し其能力に応じた教育的作業を行ふ必要があると思ふ。劣等児は概して抽象的に考察して行く力が足りないのみか、兎角注意が散漫するから事々物々比較研究する能力が発達してゐない故に、教育者は最も個性的に指導すると同時に務めて直観的に教授を進めて往かねばならぬ。……」

つまり石澤は、この講習会で次の諸点が劣等・低能児の救済法として最低限必要であることを学び、再認して来たのである。

1）学校医による医学的な知能測定

2) 身体的欠陥の治療救済
3) 知能の程度を基にした学級編制
4) 知能・能力に応じた教育的作業
教授の具体化、注意の集中
個性相応の指導、直観教授

4　特別学級編制方案作成

同11年9月18日に開かれた職員会議において、低能児教育を「愈実行して見ようではないかの話が出て大体に於て其の教育の方案が作成されてあった、此の方案も第一、二、三案と三つの案が出てあったが第一案をとつて特別学級編成と名称を附し近く研究的に実行」することを決議したという。

この方案は、石澤が講習会で学んだ知識及び関係書籍による研究をもとにして作成したものであったと思われる。

この第一案とは次のようなものであった。

「目下の応接室をば此の特別学級教室に充当し尋常科第二学年児童から第六学年児童まで三名乃至四名を選抜し約二十名を以て一学級を編成して石澤訓導が専ら担任して第一、二校時のみ限つて読方算術の特別教育を施し第三校時からは普通児童同様に教育する」

この第一方案の決議は、次のような理由によるものであった。

「本校には所謂低能児といふものが無いにしても劣等生は各学級に相当にある訳であるから夫等を打つて一団となし夫々指導する事が必要な事ではあるが若し斯くして徹底的にやらうとせば少くも其の学級を担当する訓導がなければならない。然るに現在では費用の関係上専任訓導を増す事は出来ぬ故に巳むなく一個の学級を担任しつゝある石澤訓導が其の余力を以て劣等児の学級をやらねばならん訳だが自己の学級を全く打ちやる事も出来ず又放課後やるといふのも児童に対して無理が這入る訳であるから1日2時間を限度として自己の担任学級の授業を他の職員より補欠し様と云ふ計画である。」

以上の決議をしたが「今の所如何に日課表を作るかが問題なので今暫く手を出せぬ次第であ」ったという。

また、五十嵐女師校長は、この特別教育の実施に向けて次のような懸念をもっていた。

「低能児となるには何等か身体にも欠陥がなくてはならぬので此の方も充分調査した結果でなくては一概に低能児として見倣して特別教育を施すと云ふ事も事実無理てあらうと思ふ……身体の或る部分の欠陥からして低能児になって居るのもあると思ふから、余程の特別教育は慎重にせねばならぬ」

5　特別学級の開設

18日の職員会議の決議のあと、一週間に渡って検討を重ね、ついに大正11年9月25日、ほぼ第一案通り「特別学級」を開設し、特別教育及び劣等・低能児救済法の本格的研究を開始したのである。

これを女師附小沿革誌大正11年度の記事でみると次の如くである。

「尋常二年ヨリ尋常六年マデノ特別児童十四名ヲ撰定シ石澤訓導主任トナリ参観人室ニテ毎日二時間ツヽ特別指導ヲ行ヘ

リ」

開設にあたって、担任石澤訓導は山形新聞に次のように抱負を語った。

「従来の教育は就学年令に達した子供を学校に入れて等一の教育を施して来たが全然児童の個性といふものに関係なく均等に教育して来た處が最近能力年令学級組織になるものが研究されて児童その者の知能に依つて学級を組織する説も出た。それで久保良英氏が唱へる知能査定の方法及其の査定器を以て目下劣等児童の研究を重ねて居るが、此處にこうした児童を発見し得た、即ち当校尋常6学年児童で生活年令は11歳11ヶ月であるが、知能査定の結果9歳6ヶ月の知能しかその児童が持つて居なかつた、結局生活年令と知能年令とに2年2ヶ月の差を生じたが此の児童は年令は満11年11ケ月であるが知能から云ふと9年6ヶ月位の児童と等しく又学年から云ふと現在6学年であるが4学年生位の知能しか持つて届なかつた。又生活年令と知能査定した知能年令の比なる知能指数79.71％であつたが此の指数の多い丈知能がよい訳である天才児の如きは実に指数は100％以上である又種々試験の結果其の児童は記憶力とか想像力が鈍かつたが推理力は特に秀いでて居た。之に依つて個性が解るので此の能力査定の結果20人の劣等生の不充分な處は補ひ優秀な處は飽くまでも伸ばすに努むる考へである」

当該施設は、県当局の方針として、医学的な身体的欠陥の治療救済を中心とした劣等生救済法の考究を期待されたものであったが、実際は、身体的欠陥に対する治療救済は行われず、担任の石澤が先の講習会で知能測定法に深い感銘を受けて来たせいか、むしろ知能検査が盛んに行われ、それをもとにした劣等児救済法の考究が行われたようである。

特別学級における指導の実際の詳細については明らかでないが、主に前記講習会で学んだことを基にしてなされたと思われる。第1、2校時に限り、読方・算術の2教科についてのみ補充指導を行い、能力査定の結果に表われた各自の不充分なところは補い、優秀なところは伸すという風に努めたようである。その際特に「個別的指導・直観的教授を念として指導」していたらしい。

この学級の効果及び劣等児救済法考究の成果は明らかではないが、その後この研究が次節に述べるように女師代用附属飯塚小にゆずられることになったため、大正12年3月、約半年をもって廃止された。そのことは女師附小創立30周年記念号に次のごとく記されている。

「本年7月19日教育資金より金壹百円の劣等児特別指導費が配当せられたので尋常2年から6年までの特別児童14名を参観人室に集め石澤訓導主任となり毎日2時間づゝの特別指導を行つた。然しこの仕事も飯塚代用附属に促進学級が設置されるやうになつてから自然その研究を代用附属校に委ね当校のは廃止せられるようになつた。」

第2節　女子師範学校代用附属飯塚小学校「促進学級」開設の事情

前々章(著者注：原書章)第6節でみたように、県当局は、大正12年度教育費経常費の中に劣等児救済のための予算を計上し、大正11年女師附小で試験的に行わせた劣等児救済法の研究をさらに大きく発展させることを計画した。そのために、南村山郡飯塚尋常小学校を女子師範学校代用附属小学校として契約したが、契約条件の1つに、促進学級を設置し特殊教育研究所たらしめようとする構想があったのである。こうして代用附属校となった飯塚小は、専任訓導も配当されて、大正12年4月より準備に取りかかり、5月28日には「促進学級」を開設して、県下の模範となるべく特別教育を開始したのである。

1　女師代用附属校として契約

女師校では、その頃又複式教育を行うための代用附属校開設の必要もあったので、特殊教育と複式教育両方の使命を、この代用附属校に与えたのである。これを大正11年12月の通常県会における有吉学務課長の言にとってみる。

「女子師範附属小学校ニ於キマシテハ、唯今マデ複式教育ヲ施スコトガ出来ナカツタノデアリマス、ソレハ代用トナルベキ小学校ヲ持タナカツタノデアリマスルガ、幸ニ致シマシテ、今回南村山ノ飯塚小学校ガ代用小学校タラシメントスル希望カアリマシタノデ、之ヲ代用小学校ニシタノデアリマス、之ニ要スル教員給、其他校費デアリマスガ、其教員給ハ代用小学校ノ関係上全部之ヲ県費ニ寄附スルコトニ致シマシタ、校費ハ彼ノ村ヨリ直接支払ヲスルト云フ形式ヲ執ツタノデアリマス、此飯塚小学校ノ学級ハ3学級ヨリ成ツテ居ルノデアリマス」

これによって、大正12年4月1日より同22年(その後改元されて昭和8年にあたる。)3月31日までの10日間、山形県南村山郡飯塚小学校は、山形県女子師範学校附属小学校に代用されたのである。

代用附属校の設定の理由の1つに、当校を「特殊教育の研究所たらしめ」ることにあったことは女師校創立30年史に次のようにある。

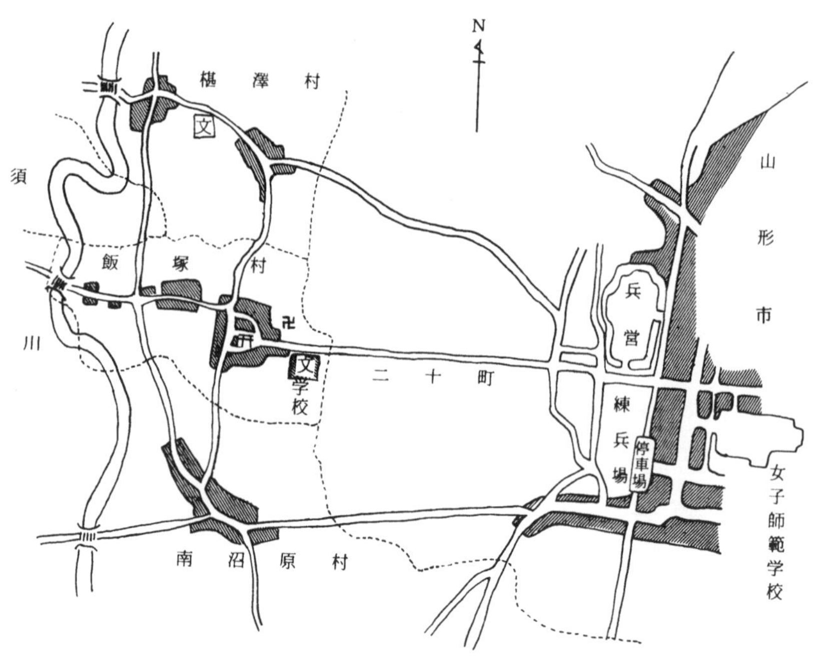

図　代用付属飯塚小と女子師範学校(飯塚小施設要覧より

「南村山郡飯塚村に於ては、大正10年6月8日の大火災後、疲幣困憊せる村をば教育によつて救はんと、神保村長を中心にその方策を考慮しつゝある時であり、県当局としても農村教育の重視、殊に有吉学務課長の低能児教育特殊児童研究の提唱されるあり、こゝに学校県村三者の意見合致し、一は以て農村教育及び特殊教育の研究所たらしめ、一は以て女師生の農村教育実習所たらしめる目的をもつてこの代用附属の設定を見たのである。」

2　促進学級編制の方針具体化

特殊教育研究所に指定された4月来、遂次促進学級の開設に向けて調査研究がすすめられた。まず5月24日、井出学校衛生主事が、促進学級編制の準備として飯塚小に出張し、低能の原因並にその理由についての実地調査を行った。その結果、井出は次の結論に達した。

「1年より4年迄約300名の児童中に18名の低能児を発見した。而して此の低能児は家庭の事情即ち環境に依る者は極めて少く、大部分は身体の欠陥或は故障等先天的の病弱者に多く、就中扁桃腺の疾患が大多数である事を発見したが、此の低能児童に対する前後策としては特に促進学級を編成して其の欠陥を補填教授する事」

また、井出は、次のような構想も明らかにした。

「特殊学級の編成は久しき間の懸案であったが、今回、父兄達の諒解を得て試験的に行ふ事になった。専ら身体的方面の促進に力を注ぎ1週間1度づつ診察して快方に向ふたものは普通学級に編入せしむるものであるが、之で効果を挙げれば県下に於ける各小学校に設置したいと思つて居る。」

つまり、この学級は、県下各小学校に劣等児教育施設を普及発展させるための雛形として設置された施設であったようである。

この促進学級の編制について女子師範学校の相澤主事は次のように語った。「低能児童に対する促進学級は本年度初めからの計画であつたから、職員も特に一名増加して促進学級専任の訓導を設けた、1学級18名と云つても実際の處11～12名になるだらうと思ふ、其の位の人数なれば稍個性教育として理想に近い事を為し得るだらうと考へられる、而も11～12名と云ふても1年も居れば2年3年4年等も居るのだから、結局複式教授を施さねばならぬ」

3　専任訓導に大森政蔵を抜擢

この促進学級の専任訓導に抜擢されたのは大森政蔵であった。抜擢の理由は、「手工が巧み」であり、前任校時代より「特種な教授法」に興味を抱いていたからだったという。ここから、この施設では、職業教育への配慮が考えられていたものと思われる。

山形新聞は次の如く報じている。

「大森政蔵君は前任地東置賜郡高畠小学校の訓導時代から此の特種な教授法に趣味を感じ」ていたと。

4　大森訓導東京方面へ研修

促進学級の開設準備として、代用附属飯塚小校長内海菊次郎は、大森訓導を東京方面に個性教育の状況の視察研究に派遣した。その他研究等に約2ケ月間の期間を費した。

これを山形新聞の報道からみると、大森は「今春以来研究に従事し4月初旬東京男女両高等師範学校並に東京本所林町小学校其の他に於て研究を重ね先月(5月…筆者主)(著者注：原書筆者)28日に漸く其の研究に依る教授を開始したのだ」

大森は、この両校における研修でどのようなことを学んで来たのであろうか。そこで当時両校で行われた経営の概略をみることとするが東京市林町小の実態については前述(112 ～ 115ページ)(著者注：原文ページ)してあるので、ここでは東京高師附小の補助学級の実態をあげる。

東京高師附小補助学級の経営の概略

1)劣等児教育の目的

「成べく普通の子供に近付けて行つて国民として生活し得る人の厄介にならないで、自分で生活して行かれるといふ所迄進めて行きたい」

2)教育方針

1. 劣等児は、身体的欠陥を有する者が多いから、その身体的欠陥の治療の必要
2. 知育―子供の能力に応じて延びるだけ延ばして行く、子供の気質などを調べて、将来の生活に連絡するように進めて行く将来の職業或いは生活の関係に重きをおいて

進める

3. 体育━意志に従つて行動が出来るように

4. 徳育━日常動作を普通人のように整えて行く

3) 収容児童の選定

１年間は普通の学級に居ったものの中から劣等児を選定する

4) 教授時間

劣等児低能児は疲労する事が非常に早い、だから成るべく時間を短く切って、一方に疲労するような学科をやったら後の半分は疲労を恢復する疲労度の少ない学科をやるという工夫が必要

5) 教科及び教材

1. 劣等児丈に対しては普通の学科をやつて宜しいが、極くひどいいわゆる低能児には、適した学科を授けて即ち将来の生活・職業に連絡を取る事の多い学科に主きをおいて授けるようにする
殊に身体の方面、運動の方面、手と目の練習即ち手足の運動が自由に出来るようにする

2. 子供の欠陥に従って教科或は教材を変へその中でも肉体的方面は重要であるから図画・手工の如き学科を盛んにやる事が必要

3. 実物に就て練習し、実際を主として授けるというように教材を限定しておくことが大切

6) 教授の実際

1. 直観を重んじる　2. 個性を重んじる　3. 個別的取扱に

注意する　4.簡単明確に取扱って行く仕事の分量を少くし極めて単純な取扱　5.反復練習をする　6.児童の経験を重んずる　7.実用を重んじる　8.知能の程度に応じ知能検査をして是れと連絡を取って進む　9.将来の職業とか或は非常に欠陥があるといふ方面には特に力を注ぐしたがって教材にも差別をつけて教授する

7)養護について

身体検査の時に特に医者に話をして詳しくやってもらう又欠陥のあった場合に治療法も聞いて医師と連絡を取って進んで行くこのように一方に消極的に欠陥をなおして行くと共に積極的に運動を盛んにするとか日光浴等を盛んにさせる

※以上は、黒沼勇太郎の「劣等児教育の実際」(文部省普通学務局　就学児童保護施設の研究、大正10年9月20日刊 p.195～240)より抜粋したものであるが、これは、既述の如く大正9年10月に行われた「就学児童保護施設講習会」における講義を編集したものである。ところが、当の黒沼は丁度この大正9年10月に普通学級にもどり、小野秀瑠が担任になったが、同時に、部長も樋口から阿部七五三吉に変わり、補助学級教育の転換がはかられたという。つまり、職業教育を目指した改造期に移ったという。しかし、清水寛氏が学級経営、教育方法の面では彼等の意図したように改善されなかったと分析しているように、大森が研修したときは、

上記の当時とほぼ同様の経営であったといえる。したがって、大正12年当時の当該学級の経営について不明であるので、大正9年当時のものから抜枠した。大正9年10月以降の改造期における補助学級における教育の方針をみてみると次の点にあったという。「彼等の知能に基づく最良の教育方針は、職業教育に在る彼等をして他日一個の職業を確保し、自らの生活を維持し社会に対する遊惰不良の民たらしめざるを期するにある。」

5　大森政蔵の略歴及び横顔

大森は、明治24(1891)年7月15日、山形県西村山郡西五百川村大字常盤に生まれた。大正3年3月、山形県師範学校を卒業、以後教職に携わった。大正12年4月、代用附属飯塚小促進学級専任訓導として抜擢される。(当時32才)促進学級の開設以来昭和5年3月、東村山郡高瀬小校長に転任するまでの7年間、うち後3年間、昭和2年4月1日からは校長を兼ねながら、促進学級専任訓導として勤務した。

昭和20年3月、南村山郡蔵王第二国民学校長を最後に教職を辞し、同38年6月18日、71歳をもって永眠した。

大森の担任する促進学級に入級(大正14年～昭和2年)した荒井省吾氏は、大森の印象を次のように語る。当の省吾氏は、飯塚小の中でもわんぱく者で、当時の先生方からは他のわんぱくもの2名とともに「三勇士」という異名をつけられるほどであったという。

「特別おっかないなんてことはなかったようです。割とやさしい方なんでしようね。特別きかなくするとおこられる位なもんで、丁寧に、細かいことまで教えてくれました。普通の人でしたら、ああいう風に親切に教えてくれなかったんでしようね。声もそんなに大きくなかったようです。一番おこられたのは、先生の机の引き出しにカエルを入れたときでひどくおこられました。」

また、当時飯塚小でともに教職にあった近野マツヨ、西村直次の両氏は、大森の印象を次のように語る。かたいまじめ一方の人で、極めて実直、こつこつとやる人で、子どもと一緒に暮して行くというつまり一緒に遊び、一緒に作業するというタイプの人であった、と。

山形県教育誌上でも、大森の姿に次のような賛辞を寄せている。

「飯塚代用附属を思ふ度に、訓導大森君の労苦を思はざるを得ない実に全我燃焼の努力家である君は、幼きものゝ慈父と仰がれて、その何ものも打忘れて居られる有様は、慥に育英の犠牲者であらう。我等はノイホーフの晩春を読み、多感情のペスタロッチの其の貧児教育者としての生涯を思ふ時、今また大森君の教育的現況を併せ思はざるを得ないものがある。…」

以上のことから、大森政蔵の人柄は、極めて実直、温厚であり、いつも児童の手を引き遊び戯れることを瞬時も忘れない教育愛・人間愛に燃えた人物であったといえる。

6　促進学級の開設

飯塚小の沿革誌から大正12年度の記事を見ると次の如くである。

「5月28日以後尋1年乃至4年ヨリ学業成績不良ナル児童18名ヲ選ヒテ1学級トナシ特別教授ヲ施ス」

※昭和2年度の飯塚小の学級編制
　第1学級(尋常1、2年男女)遠藤豊、
　第2学級(尋常3、4年男女)近野マツヨ、
　第3学級(尋常5、6年男女)西村直次、
　第4学級(尋常2、3、4年男女)大森政蔵(促進学級)

つまり、大正12年5月28日、尋常1年から4年までの学業成績の不良な児童18名を選んで「促進学級」を編制し、終日、能力や欠陥に応じた特別教授」を開始したのである。

この入級児童の選定にあたっては、前述の如く井出学校衛生主事が出張して行ったものだが、一緒に選定にあたった大森にも多大の苦心があったようである。

のちに大森が語るところに寄ると次のようであった。

「此の児童選択に就ては相当に苦心しました其の準備調査としては個性は勿論家庭の事情、体格の如何等に就き精密なる調査を行ひ病的の者は医師の治療を受けることゝし18名の一級を編成することゝなったのである。」

以上の模様を大正12年度山形県学事要覧でみてみると次の

ような記事がみられる。

「女子師範学校代用附属飯塚小学校ニハ本年度ヨリ促進学級ヲ設ケ、学年始メ県学校衛生主事ヲシテ特ニ精密ナル身体検査ヲ為サシメ且知能測定ヲモ加味シテ身心上特殊ト認ムル児童十数名ヲ選定シテ別ニ一学級ヲ編制シ、特ニ堪能ナル訓導ヲシテ之ニ担任セシメ、不断ノ努力ト熱愛トヲ以テ彼等ノ学習気分ヲ引立タシメ、普通児ト相互シ得タル程度ニ至リ之ヲ原級ニ復級セシムルコトトシ試行中ナリ」

つまり、入級児童の選択には、ます学業成績を主として、さらに個性調査(知能測定を含む)及び精密な身体検査の成績と家庭の事情とを加味して行われたようである。

当時、飯塚小の児童総数は182名であったから、この選定された入級児童は、その10％相当にあたるというきわめて高い割合である。ここから、知能測定や精密な身体検査を加味して選定した入級児童とはいうものの精神緒弱児の他、身体的欠陥等による学業不振児をも含むものであったことがうかがえる。

7　促進学級経営の実態

こうして開設された促進学級は、昭和8年3月31日、飯塚小が代用附属としての契約期限が切れると同時に改編され、開設以来10年にして経営を閉じるのである。

この10年間の促進学級の経営の実態、つまり教育方針、指導内容、指導方法などについては、担任の交代があった昭和5(1930)年を境にして、大きく2つの時期に分けることができる。それを大森時代・茂木時代とすると、大森時代はさらに前期と後期に分けることができる。これについては以下に述べる如く、前期は、大正14年3月まで促進学級的要素の強い時期であり、後期は、それ以後の補助学級的要素の強い時期であった。

以下、この学級における経営の実態をみて行くことにするが、この実態を明らかにする場合に、大森自身の手による論述がほとんどない。そのため、新聞、教育雑誌、インタビューなど視察や見聞者の証言等で構成するより仕方がない。したがって、核心に触れないおそれもあることをあらかじめお断わりしておく。

(中略)

第5節　促進学級の廃止

東村山郡飯塚小は、大正12年の告示第63号で女子師範学校附属小学校に代用されて以来、昭和8(1933)年3月をもって、その契約期限である10年をむかえ、昭和8年3月31日付本県告第146号をもって代用附属の取扱いが廃止となった。それに伴って、促進学級も廃止された。次のように沿革誌の記事にあるごとくである。

「代用附属廃止ニ伴ツテ従来ヨリノ促進学級ヲ廃シテ各学級ニ編入ス」

以上の如く、契約満期とともに飯塚小は、代用附属たる取扱いを廃止され、また、それとともに促進学級も廃止されたのである。しかし、往々にして代用附属としての契約延長は、考えられることである。そこで、なぜこの10年間という契約期限を厳守せねばならなかったのか、また代用附属の廃止に伴ってなぜ促進学級も廃止され継続されなかったのであろうか、この背景を考察してみたいと思う。

まず第1に、昭和初年からの農村不況は、地方財政の窮乏化を招いていた。昭和7年当時、代用附属飯塚小への交付金は、農業実習地の借用料もあって、2,386円を算えていた。また、教員給与は、県費負担であり、当該教員の平均俸給も高かったこともあって、県として代用附属の継続は、財政的に大きな負担であったといえる。

第2に、代用附属の廃止に伴って、県からの助成がストップされた場合、折りからの貧困村である飯塚村財政としては、促進学級専任訓導の給与をまかない切れなかっただろうと思われる。

第3として考えられることは、この促進学級つまり劣等児救済施設は、県当局学校衛生行政の主導型で進められたものであったが、劣等児への第一の救済策としていた医学的救済に限界が見えたことと、昭和に入って、漸次国策にそい、虚弱児童救済に主力の転換をはかると、行政主導型である山形県の教育界も主力の転換をはかるに至り、劣等児(精薄児)教育への関心が薄れていったこと。

第4としては、これら児童に対する教育法において、その根本たる児童を知る上において、医学的方面に基礎を置いたことと、児童選択法に曖昧さがあったことなどにより、児童の実態を把握でき得ず、それに入級児も千差万別であったため、徹底した教授法、救済法を見出し得なかったこと。

表　女師附小及び女師代用附小における促進学級年表

年度		担任者	児童数	備考及び関連事項
大正 11		石澤清太郎（女師附小）	14	・尋常科2～6年までの特別児童を参観人室に集め、一日2時間の特別教授を行う。
大正 12	（医療重視時代）	大森政蔵（女師代用附小）	18	・尋常科2～4年までの特別児童をもって編成する。知能測定、精神検査実施、衛生方面に注意を払い、扁桃腺肥大等の医療を取り入れる。
13			18	
14			16	・4. 組織変更、尋5以上及び成績の進歩良好なるもの8名を帰す。
15	（職能重視時代）		14	・入級者をしぼり、労作教育に重点を移す。
昭和 2			9	・大森訓導、校長となる。
3			不明	
4			13	・5.11～12、当代用附小に於て「特殊教育講習会」を行う。 ・大森政蔵転任。
5	（学習重視時代）	茂木孝太郎	20	・定員を20名とし、尋常2年以上の低能児、劣等児、虚弱児を収容。生活中心に学科指導に重点。
6			21	・促進学級経営の研究に努む。 ・東村山郡豊田村より遅進児1名入級。
7			20	・茂木孝太郎「心身薄弱児童教育の実際」を出版。
8			-	・3. 促進学級廃止。

第5としては、職業教育へ指向しようとしても施設費が僅少であり、これを実施するための教材、教具を完備することが困難で、この教育を徹底し得なかったこと。

以上、5点が考察できる。

まとめ

以上の代用附属飯塚小促進学級における経営、主に教育方法についてまとめてみると、次のような特徴がうかがえる。

大森時代前期においては、学科指導を重点とし、原級に復帰することを念頭においた促進学級的要素の多い経営であった。そして、次の諸点にみられるように、その多くを研修にて学んだ東京市林町小の促進学級の経営にその範をとったものと推察できる。つまり、各科教授の前に精神の集中をはかり、注意力・疲労への斟酌から教授時間を短縮し、学科の適当な組合せを行うなどの考慮をはらっていたこと。そして、算術、国語を中心に、他教科は多く興味中心に取扱っていたこと。その場合、教材の低下軽減を行い、国定教科書を一つの参考とし、種々の課外読物や代用教科書を与えていたこと等である。また、当学級の特徴として取り上げた耳鼻咽喉疾患の手術、つまり感覚器官の障害を除去することにより、反応、敏活さを取り戻し、学習効果の向上を期そうとする医学的救済の試みもこの林町小によって行われていたことであった。

以上のような耳鼻咽喉疾患の治療及び促進教育によって、聴覚障害児及び種々の原因によって学業不振を来していた児童は、学力の向上をみ、実際一般学級に復級する児童を出すなどの効果をあげた。

しかし、同時に、医学的救済や促進教育などでは救済できない精薄児の存在が顕在化して来た。そこで、促進学級の組織変更が必要となり、教育方法の改善をせまられることとなった。ここより後期としたが、この時期においては、職業教育・労作教育への転換がはかられた。つまり、前期における教育方法を前提としながらも、将来の職業を考慮に入れて、手工・作業・図画など手先の機能や巧緻性をのばし、労働の喜びを味わわせ、職業的基礎を培うことのできる学科に重点をおき、他教科においても直観・実物教授を主体とし、児竜の経験を重んじる方法がとられた。このような経営を先に実践していた学校として東京高師附小の補助学級がみられる。ここもまた、大森訓導がさきに研修にて学んでいることから、後期においては、この補助学級を模範にしたのではないかと推察される。この期は前期の促進学級的経営から転換して、補助学級的要素の強い経営がなされた。

昭和5年、大森訓導が転出し、茂木訓導に変った。以後茂木訓導独自の方針の下に経営がなされたが、これを茂木時代とした。

茂木訓導は、実現はしなかったが、不得意教科のみ通級するという通級促進学級的経営を念頭においていたため、特に国語、算術の2教科の学科指導に重点を置くという方針に返した。つまり、大森時代の前期における教育方法に類似した方法がとられ、促進学級的要素の強い経営に回帰されたといえる。

全国的に見て、この時期における精薄教育は、職業教育への傾斜が特徴としてみられたが、飯塚小の促進学級においては、大森訓導時代一時職業教育に傾斜したものの、茂木時代において反対に促進学級的経営に回帰したのである。これは、次の理由によるものと思われる。まず、担任が変わり全く経営内容に関する引き継ぎがなかったこと。建前として、5年より普通学級に返すことになっていたため、普通学級復帰後他との均衡を失しない程度の学力充実を志向せざるを得なかったこと。また、本県において特殊教育に関する指導者、研究者がなかったこと。

以上が考えられるが、また、劣等生のうち教育可能なもの（既述の高橋勉本県学校衛生技師が用いている）つまり原級復帰可能なものに重点をおくように、県関係者から示唆をうけていたという事情もあったかもしれない。

第５章

鳥取の精神薄弱教育

５．　精薄児教育のはじまり

(1) 特殊学級

精薄児を対象にした学校教育は、厳密に言えば、第二次世界大戦に敗れた結果、民主主義・人権尊重・教育の機会均等など、いわゆる新憲法の精神の中で誕生したと言いきることができる。しかし、戦前に精薄児を対象にした教育の試みが、全くなかった訳ではない。そこで、戦前の芽生えとしての精薄児教育についてふれておきたい。

しかし、資料の整理や事実の確認が不十分で、充分意をつくすことができなかったことが残念である。別の機会に詳しく調べたいと思っている。

①精薄教育の芽生え（昭和20年以前の取り組み）

戦前の精神薄弱児教育は、まず就学猶予・免除として存在していたと言える。昭和５年の不就学率は、0.37%、昭和10年は0.43％で、現在の３倍以上の不就学率であった。

昭和14年の学事統計から就学猶予・免除の内容をみると、次の表のようであり、病弱を除いては、精薄学級の対象となるものであることが推測される。

免　除			猶　予		計
白痴	不具廃疾	貧窮	病弱	発育不全	346
28	78	1	77	162	

障害をもつ児童の教育的措置が就学猶予・免除が当然と考えられたこの時代に、精薄教育（低能児の教育）を真剣に考えた人たちがいなかったわけではない。

明治23年、市原新七郎先生（後の義方小学校長といわれているが、義方小学校百年誌になく不詳）は、角盤高等小学校在勤中、算術のできない子が多いのを嘆き、尋常小学校で何らかの手段を講じ、救済すべきだと主張した。そして、明治38年「因伯教育」誌上に、「余が実験中の比較的劣等児の教育の報告」を発表し、さらに、明治40年、「尋常小学校算術科における低能児特別教授実験報告」を発表された。

明治43年には、倉吉市成徳小学校におそらく鳥取県で最初と思われる特殊学級が開設されている。この特殊学級は、3・4年生の中から30名を選抜して、伊佐田甚蔵先生が担当し、効果を挙げている。

また、大正6年には、境港市上道小学校の松本真英先生が、「特殊学級を併置せよ。」という主張を「因伯教育」に寄せているし、松本先生は、劣等児と普通児がいっしょでは普通児の教育効果が挙がらないと、普通児の側から問題を論じている。しかし、劣等児の教育を、普通に近づける努力より、職業教育でもさせるように、特殊学級を設置せよと論じていることは、当時としては、画期的な主張であったに違いない。

このような経緯の中で、大正12年には、鳥取県下の特殊学級数は7学級、そこに学ぶもの男子165名・女子135名という報告がみられるが、設置校名など一切わからない。

昭和に入ってからは、不況や戦時統制下ということもあって、特殊学級の灯もすっかり消えてしまったようである。障害児の教育は、就学猶予・免除としてのみ残ったようである。勿論、普通学級に無理矢理入れられ、お客さんで義務教育を終えたものも多かったことであろう。

以上、戦前の精薄教育の芽生えについて述べたが、これらのすばらしい試みの数々も、就学猶予・免除で下限を切りすてたあとの教育であり、勉強のできない子をどう勉強させるかという、現在の促進学級的性格のものであったことが想似される。言い換えると、普通児の教育に迷惑をかけないための教育であり、健常者の側に立つ教育であったといえるが、当時としては当然のことであろう。

第 6 章

長野の精神薄弱教育

1　創始期の精神薄弱教育

第1節でふれたとおり、長野県は全国にさきがけて学校教育のなかに「精神薄弱教育」をとりこんだ先進的な県であった。

もちろん創始期から昭和にかけて、「精神薄弱」という言葉はなく、劣等生、低能児、鈍児、白痴、さらには現実的な学校学級内での比較の上に立っての落第生などと呼んでいた。現代は精神薄弱児、知恵おくれ、知的障害児、あるいは知的発達に遅れをもつ児童生徒等と呼称は変っているが、その根本的な事情には大きな変化はない。即ち、このように称せられる児童生徒の障害や程度が、なお明確に把握できないということである。結局、現象的、社会生活上の問題をとらえて障害と程度を判別しているにすぎず、今後大きな研究課題の一つとして残されていると考えたい。さて、長野県における精神薄弱教育は第1節に記したように、明治23年の松本尋常小学校における「落第生学級」が端緒であるといっていいであろう。

(1)落第生学級

落第生学級についての創始の趣旨と廃止の理由は第1節にふれたとおりであり、その詳細については本節第2項で述べたい。

ここでは次項の晩熟生学級も含めて、もっとも問題となっていた「落第生」の背景について考えることにする。既に第1節に述べたように、明治の学制大改革の中心は「国民皆学」にあったから、全国各地で就学奨励が盛んに行われた。長野県では教育権令と別称された永山盛輝によって強力に推進されたのである。永山の勧学行政はきわめてきびしく、それが長野県の就学率の向上にあずかって力があったが、同時にまた試験制度をきびしくすることによって教育内容の向上もねらっていた。ここにひとつの矛盾が生じ、就学してもいわゆる「ついていけない児童生徒」が多くでたのであり、それが落第生となって現場教師の心をいためたのであった。従って第1節にふれた松本尋常小学校の算術特別教授(明治21年)も、長野尋常小学校首席

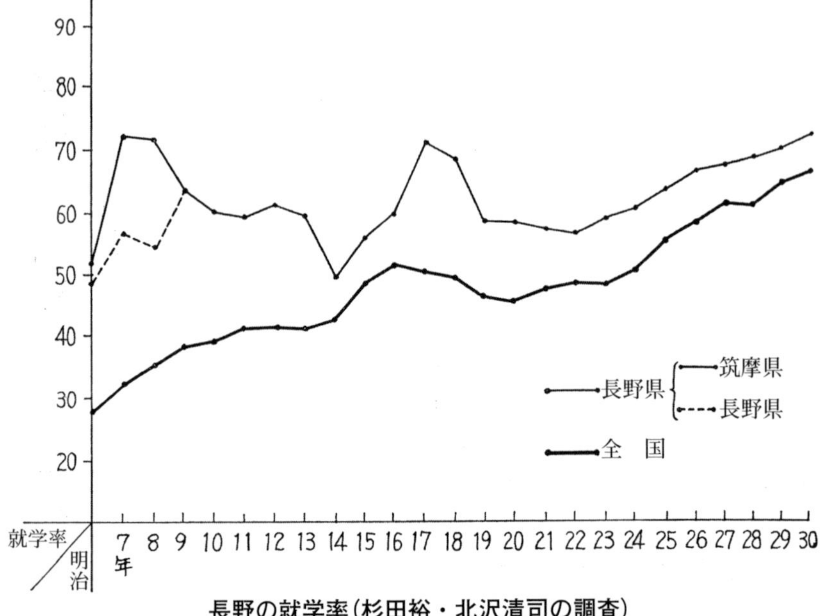

長野の就学率(杉田裕・北沢清司の調査)

訓導鷲沢八重吉の発想になる「新入生学力別編成」(明治22年)も、教授効果をあげて落第生をなくすという落第生対策が眼目だったのである。

しかし今日で考えるならば、その試みは失敗して当然であったといえよう。学力が読み、書き、算術といった知的能力を中心にしたものであり、試験もまたそうであったから、本来無理なことであったわけである。

前頁に掲げたグラフは明治期のそれも初期の長野県の就学率であるが、全国平均と比較した時相当な高さを保ちつづけていることがわかる。もっとも全国トップだったのは明治一ケタ時代であり、その後全国的順位としては下降線をたどっていくのであるが、こういった就学率とのかかわりから落第生学級が誕生したともいえるであろう。

この点について杉田裕(東京教育大)および北沢清司(日向弘済学園指導員)は、「けんとくれん機関誌第32号」に次のような研究をよせている。

> これら「落第生学級」と「晩熟生学級」の2つの実践が、我国の精神薄弱教育のはじめとされているわけであるが、両者に共通することは、第1に落第生対策として出てきたものであり、第2に町部の1学年多学級の学校であり、信州の中心校として信州教育のけん引車として動いた学校であり、教員数もかなりあったことである。これらの実践がなぜはじまったか、その背景を考えてみたい。(中略)教授法の面からみると、明治16～17年頃信州に入ってきて、

従来の注入式教授法にとってかわりつゝあったペスタロッチの開発教授法は、それを紹介した「改正教授術」の共著者の一人白井毅を、明浩19年松本より長野に移転した長野県尋常師範学校の教官としてむかえたことによって、各地の講習会で教術法の講義がなされ、町部における学年多学級の学校に教授法の研究心を起したのである。このような背景のもとに前に述べた2つの学校における実践が登場したのである。(後略)

(けんとくれん特集号32号「信濃教育よりみた精神薄弱教育の明治・大正の歩み」より収載)

以上で「落第生」学級設置の背景をみることができるであろう。とにかく勇敢な試みであった。「落第生学級」設置は4年の経過をへて、失敗のうちに廃止されたのである。

(2) 晩熟生学級

明治29年4月、長野尋常小学校に「晩熟生学級」が開設されたことは、既にしばしば述べたところである。この晩熟生学級、即ち精神薄弱児のための教育の世界的な歴史をみると、アメリカボストン市(1848年)、ドイツハレ市(1859年)、ドレスデン市(1867年)、イギリスロンドン市(1892年)というように、実験学級、補助学級、特別学級等の名称で設けられており、ロンドンでの設置以外は日本でいえば、すべて江戸時代のことになる。

明治5年の日本の教育大改革が、これら西欧諸国の「教育制度上最善良ナルモノ」を採用して実施されたのであるから、その後教育理念に重要な改変があったとしても、心身障害児教育への流れを阻止することはできなかったであろう。

それが長野県において、障害児を正面にすえて具現したのが、晩熟生学級であった。そして第2項以後に述べるように、明治30年代から40年代にかけて、当時とすれば一種の特殊教育隆盛時代ともいうべき教育現象を現出したのである。

もっとも初めは学級の名称も「鈍児学級」あるいは「劣等生学級」などと呼称していたが、細心の注意を払って、「晩熟生学級」と称するようになったことは、既に述べたところである。次にこの学級の初期の運営の一部を当時の発表論文によってみよう。

鈍児の教育　在長野　小林米松・篠原時治郎

我長野尋常小学校ニ於テハ学力劣等生ノミヲ集メテ別ニ学級ヲ編成シ　以テ之ニ適スル教授ヲ施シタルニ　其成績稍可ナルヲ見ル　蓋シ少数ノ生徒ヲ有スル学校ニ於テハ斯ル方法ヲトルコト甚ダ困難ナルベキモ　我校ノ如キハ年々400人以上ノ新入学生徒ヲ得ルヲ以テ劣等生徒ノ数モ亦30～40人ヲ下ラザルガ故ニ　コノ劣等生徒ノミヲ集メテ1学級ヲ設ケ　特別ナル教育ヲ施スコトヲ得ルナリ

此特別学級ハ尋常科4ヶ年ノ教科ヲ5ヶ年カカリテ卒業セシムル仕組ニシテ　初年度即チ第1学年ノ終リニ於テ其劣等ナルモノヲ認メ　之ニ前半期修業ノ証書ヲ与ヘ　以

テコノ学級ヲ編制ス(中略)我校ニテハ数年前ヨリ此ノ施設ヲナシ　本年3月第1回ノ卒業生40余名ヲ出シ現在ハ第1学年ヨリ第4学年1ニ至ルマデ　各1組ヅツノ鈍児学級アリ(中略)実験上左ノ利点アルコトヲ証明スルコトヲ得

(1) 劣等生ノミヲ集ムルガ故ニ教授上他生ノ妨ゲトナラザルコト
(2) 学力殆ド同等ナルヲ以テ彼等児童ノ脳力ニ適スル教授ヲ施スヲ得　従フテ彼等ハ確実ナル智識ヲ収得シ且ツ興味多キコト
(3) 彼等ハ殊ニ教師ニ信頼シ能ク教師ニ懐キ従フテ訓練シ易キコト
(4) 彼等劣等生ハ他ノ生徒ニ比シ其ノ年令平均1歳ヲ超ユルガ故ニ、3、4学年期ニ於テハ更ニ長足ノ進歩ヲナスコト
(5) 以上ノ諸点ニヨリテ卒業期ニ至レバ普通生ニ比シテ其成績中等若シクハ中等以上ニ位スルヲ見ルコト(中略)

附記

昨年来彼等児童ニツキ其心身ノ関係ヲ研究セント欲シ左表ニヨリ長野病院医員渡辺玄岱君ニ請ヒ最モ精密ナル身体検査ヲ行ヒシニ、知識ノ門戸タル所ノ覚官器ニ故障ナキモノ甚ダ稀ナリ、鼻加多児ノモノアリ耳漏或ハ耵聹堆積ニシテ聴力不全ノモノアリ咽喉ノ工合アシクシテ声色ワルク言語不明瞭ノモノアリ眼疾ニカカルモノアリ　此等ノ児童ガ学力劣等ノ現象ヲ呈スル怪ムニ足ラザルナリ。(後略)

長野尋常小学校第　学年生徒検査表
明治　年　月調　校医・受持教師

生徒氏名　　　　　　　　生年月日

保護者	家族 父母 兄妹	職業	生活 近隣	質素	

◎体格	筋肉	◎神経系
身長	疾病　既往 現在	脳
胸郭　構造 胸囲	◎営養器	脊髄
頭部	消化	睡眠
背柱	飲食	夢
姿勢	歯牙	制止
◎体質	胃	反射
体重	腸	◎覚官
営養　皮膚 皮下脂肪	呼吸　鼻 肺	眼　視力　右 左
発育	血行　脈性 心臓	弁色力 疾病
骨	口　舌 疾病	上肢　指(爪)
耳　聴力 疾病	触覚	下肢　歩行
鼻　呼吸 疾病	◎運動器	声音

1、性質
2、学科之成績
　修身　読書　作文　習字
　算術　体育　唱歌　裁縫
3、智能　イ、智力　ロ、才能　ハ、芸能
4、顔面　挙止　言語　勤惰
5、学科之好悪　遊戯之好悪
所見

(明治33年信濃教育169号より収載)

これでみるに学級名は「鈍児学級」であり、学業成績を基礎にして入級児を選定し、個別学習を中心に基礎学力の増進をはかったものであるといえよう。その結果として1年遅れではあるが「卒業期に至れば其の成績中位あるいは中位以上」に達したという。

さらにこの年度あたりから医学的見地からの診断をとり入れておりそれが右の表であるが、当時の医学においては「最も精密な検査」をしたとしても、耳あかが溜って難聴であったり、言語不明瞭がのどの工合が悪いためといったように、外面的な診断にならざるを得なかったのは止むをえない。そして入級児の多くは成績が中以上になったという点からして、精神薄弱児というよりもむしろ「生育環境障害児」と呼んだ方が適当な児童ではなかったか。現代の生育歴ともいうべき「心身ノ関係ヲ研究セント欲シ」て作成し医学的検査をうけた上表によって、「此等ノ児童ガ学力劣等ノ現象ヲ呈スル怪ムニ足ラザルナリ」と断定していることからもそのことは十分に推察できるのである。但しこれは世に問うた論文であり、若干の誇張があるのかも知れない。即ち、卒業期の成績が普通児に伍して中、中以上であるという点に疑問が残るからである。いわゆる精神薄弱児も当然入級していたであろうから、たとえ1年多く少人数学級で学習したとしても、普通児と比べて中以上にすべての児童がなったとは考えられないのである。

もっともそういったせんさくは別として、「鈍児学級」が学習したことを身につけるという明確な目標をもって、年限を延長したこと、到達目標がはっきりしていたことなど今日の教育のあり方にとって鋭い示唆を含んでいることを考えたい。

この「鈍児」「晩熟生学級」の経過は、前掲の明治40年に「低能者の教育」としてまとめられた。その趣旨は第1節に述べたとおりであるが、次にその経過や具体的な学級運営等を掲出してみよう。明治37年に長野尋常高等小学校は5校に分離し、それによって晩熟生学級も学年別にわけられたのだが、この「低能者の教育」は長野市後町尋常高等小学校の研究で、信濃教育誌上に12頁にわたって掲載されたものである。

低能者の教育　　長野市後町尋常高等小学校

第1章　緒論　低能者学級編成の趣旨

第2章　歴史　第1節創設　第2節修業年限　第3節学級の名称　第4節卒業生及担任教員　第5節高等科入学後の成績　第6節身体的関係

第3章　現時の概況　第1節学級編成法　第2節学級の児童数　第3節学級の受持教員　第4節教授細目　第5節修業年限　第6節身体検査　第7節現在の学級及担任教員　第8節当校の研究

(明治40年信濃教育第247号より収載)

右が「低能者の教育」の目次であり、明治29年から明治40年に至る、11年間の晩熟生学級の歩みを集大成したものといってよい。この中から重要と思われる点を抜きだしてみよう。

第2章　歴史

・創設　明治29年4月、創めて1学級を設く。爾後毎年1学級を増し明治36年度迄は尋常科各学年に1学級ずつありたり。該学級を創設せし当時は、児童の父兄中に其趣旨を了解せずして之を喜ばざる者ありしかども、家庭を訪問し或は出校を促し、能く其趣旨と理由とを説明し聞かせしに「我子の為めに斯かる設備まで為して親切に教育して下さるか」とて大に感謝の意を表するに至れり。又普通児童も最初は此等児童を半落第生などと称して軽蔑する風ありしが、年1年其弊を去り、一般に有益の事業として認容せらるゝに至れり。

・修業年限　(前略)1学年の児童数は凡そ600名内外にして、学年度末の成績考査に於て其1割2分位は進級し得ざるあり。就中其半数位は純然たる落第生なれども、其半数は仮名の読み書き確実ならず、10以下の数の加減算も習熟不充分にして到底普通児と伍して進級学習せしむるに堪えず。さればとて落第せしむるべき程度のものにもあらず。(中略)即此等中間に位する児童を集めて、1学級を編成し(中略)就学第2学年には前学年度即ち尋常1年の課程を復習して後、尋常第2学年前半期の課程を終へしめ玆に第1学年修業証書を与へ(中略)かくて就学第5年にして全く尋常科の課程を卒業することとなるなり。

・名称(前述)

・卒業生及担任教員

明治29年4月創設の学級は33年3月に至り卒業し、爾後連続卒業生を出したり。其児童数及担任教員左の如し

卒業年月	回数	卒業児童数	教員
33.3	1	33	白井常吉
34.3	2	39	篠原時次郎
35.3	3	40	海野奥太郎
36.3	4	42	白井常吉
37.4	4学年	41	小林源五郎
（元長野尋常小学校3ヶ校に分離し付城山小学校所属になる）			
37.4	3学年	37	小山利喜治（後町小所属）
〃	2学年	29	斉藤誠之（鍋屋田小所属）
〃	1学年	37	白井常吉（後町小所属）

担任教員は総て男教員にして学級新設の当時より卒業の時迄、同一の教師継続担任するものとす。（中略）本学級の児童には殊に其必要を覚ゆ。

・高等科入学後の成績

当時の高等小学校は各学級共学力平等的編制を採用せり。晩熟生学級卒業児童も高等科に入りては、普通児童と同教材を同一方法によりて教授せらるることとなれり。而して其成績は如何といふに別段不良成績なりといふことを聞かず。否、却て其落第児童の調査を見るに、34年3月末高等1学年落第生15人ありしに、本学級出身者は1人もなく、35年4月1学年に10人の落第者ありしに本学級出身者は矢張り1人もなく、2学年に3人の落第者ある中に就て本学級出身者1人ありたるのみ。（後略）

第3章　現時の概況

・学級編制法

元長野尋常小学校は明治37年4月に至て後町、城山、鍋屋田の3個所の尋常高等小学校に分離したる結果廃校となれり。従て当該学級は3校に配置せられ、我後町小学校に2学級を存することとなれり。且此際より一般社会に男女共学の説高く(中略)当市一般に共学制を採用するに至り、其影響として低能者学級編制上大に便宜を得るに至れり。(中略)

晩熟生学級(当時の称呼)に限り男女共学なりしかば、児童自身も他学級の児童等も形式上一見して普通学級児童と異るを以て、半落第的学級なることを知り、該学級児童に半落第生の名を与ふるに至れり。これ教育上特に訓育上非常に障碍を与ふるものなりしなり。然るに明治37年4月以後男女共学制を採用したる結果、何れの学級も男女共学となり、形式上区別の徴候なく、且修業証書も変則的なものを授与せず、学級名も他の普通学級と同じく修身の徳目に準拠して孝・倹・梅・勇・美等の名称を与ふるを以て、学校関係者を除くの外社会にも、自他の児童にも、該学級の性質を知る者鮮く、特に当該学級児童たるの故を以て厭忌し、又は軽蔑する事無きに至れり。是従来の制度に比して一段の進歩と認むべきものならんか。(中略)出席数が授業日数の3分2以上なるも成績不良と認むるものを各組より撰出して候補者となし、同一問題を同一教員の手によりて各児童別に考査し、更に交換考査をなし身体の状況を参酌し、場合によっては学校医の診断をも加へ、凡30名乃至40名を以て1学級を編制し(中略)、進級の段階中能力の発展宜しきを得たる者は普通学級に転級せしむ。(後略)

・学級の児童数

身体的及精神的個性は普通学級児童よりも共同点少くして差異点多く、且自治自修の能力欠乏せるを以て事々物々教師の指導誘掖に依らざるべからず。換言すれば教授訓練共に一人一人につき手を引くやうに諄々と指導せざれば、自発的に活動して学習せんと欲する念慮少なきを以て当該学級の児童数はなるべく少数を可とするものの如し。然れども一方学校経済の点よりも考察せざる可からざれば(中略)当校の普通学級平均数は凡そ50人なれども、当学級は特に30人台とす。(後略)
(参考　独乙の補助学級にては、15人乃至25人を以て編制する由)

・学級の受持教員

当該学級教育の主点は児童能力の薄弱を如何にして補ふべきかにあり。一は学級児童の数を少くするにあり。二は受持教員の優良に待ち三は教授細目の選択に依る。而して受持教員の優良は最強最良の教育主眼点なりとす。特に此学級の受持教員の資格としては左の要素を具備するを要す。

(1) 親切　(2) 忍耐　(3) 老練

・教授細目

低能者の教授材料は成るべく少くして其基本的のものならざるべからず。(中略)反覆練習の度も増す必要あれば特に注意して細目を特定すべきなり。

第4章　結論

低能者と普通児童を識別するは明瞭なる診域あるに非ず。低能者と白痴者との間にも亦截然たる区画を設くる能はざるべし。所謂低能者なる者は健全なる普通児童と白痴者との中間に位する者とも云ふべきか。故其教育法は一方普通児童の心意発達の階級を予料すると同時に、他方白痴教育の方法を参照して其精神及身体発達の程度に適応せる教育を施さんこと肝要也。此等の児童は前陳の個人的気質上の否定的教育限界に達し居るのみならず、更に境遇的否定限界に妨げらるゝもの多し。即家庭の不良なる事、家族生活の困難なる事是也。

(明治40年信濃教育第247号より収載)

引用が長文になったが、ほゞ「晩熟生学級」のありようを尽していると思われるので収載した。

このなかで特に注目さるべき点は次の3点である。1つは明治37年から男女共学になったこと、学級の名称が普通学級と同様になったことである。このことにより区別の徴候がなくなり「該学級の性質を知る者鮮く」そのため「厭忌し又は軽蔑する事」がなくなったとしていることである。

このことは逆に当時の晩熟生学級が、家庭や児童から厭忌され、また友達や社会から軽蔑されていたことを意味しているといってもよい。実際に、この時代の特別学級に関する研究実践論文の末尾には、この点を「厭忌したがかくかくの次第で却って感謝するようになった」という意味が多く記されている。つまり特別学級は児童からも家庭からも、歓迎される存在ではなかったといえよう。

今日も特殊学級の入級については、古くて新しい問題として、学級運営の最大の問題となっている。つまり事態は少しも変っていないのである。「区別の徴候がない」しかも個に適した教育の場の設定ができたならば、特殊教育の進展は期してまつべきものがあるであろう。長野県の先進的な試みが大正年間に廃絶されたのも、学区制の変更が直接的な原因であったが、この蔑視状況が固定化することによるデメリットに気づいたことが最大の要因であった。ここにも現代の教育への示唆があるように思う。

それはともかく２つには、晩熟生学級には最優良の教師を担任として配置したことである。単なるかけ声ではなく、この点を「最強の眼目」として実施した点である。ここにも今日の教育への視点があるように思われるのである。さらに第３の点は、結論に述べてあるところの、「低能者、白痴者と普通児童とを識別する診域」がないということであろう。

今日、医学を中心に科学の進歩は実にめざましいものがあるが、なお「診域」は必ずしも明確ではない。

まして単に知能検査の結果で、簡単に区分するが如きは論外であり、しかもそれをもって安直に孤立的、隔離的な学級をつくることは警戒を要することである。

さて、「晩熟生学級」は長野市後町、城山、鍋屋田の3校に分離設置されるようになるのだが、その後の状況は次項で追求したい。

2　精神薄弱教育の隆盛期

明治40年に文部省は「訓令第6号」によって、はじめて特別学級の奨励にのり出した。この点は後述するが、明治30年代から40年代にかけては、当時としては精神薄弱児教育について、研究や実践の論文が発表されたり、学級開設があったりして、一種の隆盛時代を迎えた。もちろん「文部省訓令第6号」がその気運に拍車をかけたものである。

晩熟生学級が城山、後町、鍋屋田の3校に分離された結果も、それまでの研究実践と相まって当時の教育関係者の間に、この教育への関心を高めたと思われる。そしてこのことは長野市だけではなかった。次の文献は小県郡における指導研究論文である。

低能者誘導上の実際話　小県　瀞涓小史

余輩の所謂低能生として取扱はねばならぬ処の児童等はこれ何によりてかくなりしものであらうか。蓋しその原因実に多趣多様ならんかなれども、余輩の観察によれば大要次の如きものならんと思ふのである。

- 低能生たる原因
  - 腺病質なるによりて
  - 発語失調等によりて
  - 不器用なるによりて
  - 活動上
    - 強者
      - 怠惰
      - 放縦
      - 強情
      - 沈うつ
    - 弱者
      - 臆病
      - 強迫観念

然り而して所謂低能生中また手の者あり脳の者あり且つまた由来活動力の乏しきものあり注意を集中し能はぬために低能生となれるものありであるから、また左表の如きものであらうと思う。

- 低能生の種類
  - 技能科不出来の者
  - 知識科不能の者
  - 活動上
    - 強者
      - 全力を尽さぬ故よくできぬもの
    - 弱者
      - 全力を尽してもよくできぬもの

（中略）

低能生たる資性魯鈍たるか体質薄弱たるかでまことに気の毒なる者（中略）彼等低能生を啓発誘導する手段なきかよき誘ひ口はあるまいかと考案をめぐらして、ここに次の如き方便興味を与ふるの止むを得ざるに至りたり。

　低能生に対する動作と褒辞

　　強者　輪廻しの名人であるぞ・年間皆勤生であるぞ

　　弱者　猫のなきまねが上手であるぞ

　　　　　コマ廻しの名人は汝であるぞ

右によりて彼等低能生を興奮させること非常なるものあり（中略）ここに於てか余輩は彼等に同情なき能はず、為めに左の如き教授の定律と禁律を案するに至り（中略）

教授の定律　・一時一事たること
・単純なる形として収得させせること
・個性啓発をつとむべきこと
・反覆練習させ知識を確実にすること

教授の禁律　・白紙に基本点を与ふるなどの答案検閲をなさぬこと
・低能生たる彼等は最早余の眼中におかないなどといふ不量見を起さざること

(中略)

何人も知れるが如く優等生は教師の教ふる事柄を諒解する極めて鋭敏で(中略)低能生となると助けられるだけは助けてくれる、それで尚且つ遅々とし進むという有様でありて、もし助けなければ殆ど全く教授の要領を了解し得ない(中略)

ここに於てか世上たまたま低能生放任論すら起るのである。(中略)余輩は世の教師たちに懇請せさるを得ないものがあるのである。所謂低能生優遇論これ也である。

(明治40年信濃教育第254号より収載)

実に具体的で、ことに教授上の定律、禁律及び低能生優遇論など、当時としては唐突な提案であったろうが、今日はまことに納得のいく考え方と思わずにはいられない。

さて、明治40年に前述のように「訓令第6号」が出されると、特殊教育の研究は盛んになっていった。たとえば当時の長野師範学校附属校主事であった佐藤熊治郎は「低能児の算術教授における指の使用」という論文を発表(明治41年)しているし、また信濃教育会夏期講習会には同年、元良勇次郎文学博士が招かれて「低能児に就ての実験」というテーマで講演をしている。県下各学校から多数の教師が参集したとされていることからして、「低能児教育」についての認識は一挙に広まったと考えられる。

ところで前記のように、晩熟生学級についての研究実践論文は一躍脚光を浴びて、特殊教育の推進に役立っている。そのなかから特別学級入級児の選定についての部分を抜すいしておく。

低能者の教育　長野市後町尋常高等小学校

明治40年4月発行の信濃教育会雑誌第247号に登載して、斯道研究諸君子の批評を乞ひたり。幸にして此種の施設は国民教育及社会教育の一端として必要なものと認められ、近来其声の高まり、専門の学者亦其方法を講するに至れるは斯道の為め大に慶賀すべき事なりと信ず。(中略)右発表後諸君子の高評を仰き40年度に至りて改良し又研究せし一端を挙げ、再び識者諸賢の教を乞はんとす。

(1)1学級の児童数を従来凡30名乃至40名と為したれども、此は更に減少して30名以下とし成るべく20名前後と為すの極めて必要なるを知れり

(2)低能者と称するも其程度審ならされば之に対する教育法も亦緊肯を欠く恐れあり。当校の該学級は世間一般の者より稍程度高きが如き感あり。即明治41年3月1学年

児童出席者220人中より該学級に入るべきものの候補者29名を選み之に課したる問題及結果は次の如し。

・尋常1学年特別考査

国語科(8題百点)書取

(1)ごちょーがっこ(2)てつびん(3)らんぷ(4)ちょーちん(5)わゐうゑを(6)ちょっと(7)あかさたな(8)かきくけこ

算術科(5題百点)

(1)算用数字にて一、二、三、四、五、六、七、八、九とかけ

(2)8と5とよせていくら

(3)15から7とればいくら

(4)紙が10まいあったうち6枚つかえば残いくら

(5)1本3銭のふで3本でいくら

・考査の結果

(1)両科共0点の者　　男3人女1人計4人

(2)全20点以下の者　　女2人 計2人

小計6人2学年に進級するに堪えざるも便宜仮編入

(3)両科共40点以下の者　男4人女1人計5人

(4)全　　60点以下の者　男4人女3人計7人

(5)算術科60点以上国語科30点以下の者

男4人女3人計7人

(6)算術科30点以下国語科60点以上の者

男1人女2人計3人

小計22人前記６人と合して低能児の１学級を編制す

(3) 児童及父母につき特別に調査せる統計表百分比次の如し（省略）

(4) 特に顕著なる事例

身体的方面　咽喉に疾病ある者　濃き鼻汁を常に出し居る者　常に鼻を弄し出血するに至る者　別に耳疾あるに非るも耳に一種異様の臭気ある者　兄弟共に脊髄病に基因して進行性筋萎縮により歩行困難なる者　甚しき腋臭ある者　発育著しく不良なる者　容貌一見常人と異り鬼女の相を備へ頭髪赤色を帯べる者等

学業的方面　推理作用極めて鈍き者
児童用指数器により計算する際５珠迄は珠をつき得るも其以上に至れは珠と珠の間又は両珠を１度につき１ヶの数を数ふる者

訓育的方面　其友とする所の者は多く自己より年少の者　利己心強く寛仁協同の性なき者　動物を虐待して快とする者　家庭にては発言するも学校にては２年間１回も発言せさる者　陰部を常に弄する悪風ある者　盗癖ある者等

以上其一端に過ぎず。要之此児童の教育は特殊個性の観察と其低能の原因調査とにより、心理学的及医学的方法により之か救済の方法を講すること極めて緊要なるを感するものなり。

(明治41年信濃教育第264号より収載)

右の論文でみるに、入級児の選定は国語、算術の2科目のテストによったと思われる。そして選定された児童のなかには今日でいうところのかん黙児、進行性筋萎縮の肢体不自由児、盗癖などの非行児童が加わっていたことがわかるのである。また「陰部を常に弄する」悪習とは、いわゆるチック現象であろうか。障害の種別、程度について研究の進んでいなかった明治期のことであるから、これは止むを得なかったであろうが、これらの児童を含んでの30名程度の学級の経営は、まさに並大ていでなかったことが推察されるのである。

さらにテストの結果からは、境界線級児も入級していたであろう。

国が障害をもつ児童のために規定したものは、明治5年の学制のなかの癈人学校についで、明治40年にだされた「訓令第6号」であった。この訓令に基いて文部省は全国的に特別学級の状況調査のために、次のような通牒を各府県に出している。

(1) 劣等児たることを識別する条件

(2) 編制の方法

(3) 施設の沿革

(4) 教員の配置

(5) 児童学年別人数

(6) 児童の年令
(7) 他の教授との関係
(8) 学校医との関係
(9) 施設開始以来の成績
(10) 施設に対する児童父兄の感情
(11) 其他参考となるべき諸項

即ち、全国的に特別学級がそれぞれに学校独自で、あるいは市町村との共感のなかで設置されていたことから、文部省はその実態を把握しようとしたのであった。

これに対して長野県でも答申しているが、その答申について3つの学校の例を掲出してみたい。

劣等児童の取扱法　城山、松本、長師附属各小学校

劣等児の取扱方法に関し、文部省普通学務局長より本県知事に宛て、県下各小学校に於ける施設の状況に就て照会あり、県は各郡市に通牒して夫々調査報告せしむる所あり、其大半は既に回報済の由なるが、聞くところに由れば劣等児童の特別取扱法を実施しつゝあるもの、全県下を通して30校を出でざるべく、其方法の如きも区々として一致する所なく、混沌として草創時代の感なくんばあらず。今参考のため本県に請うて其報告中の2、3を掲載することとせり。

(明治42年信濃教育第267号より収載)

これでみると「劣等児童の特別取扱法」即ち特別学級を設置している学校が、この頃県下に30校近くあったことがわかる。それがどこの学校であるかを詳かにすることはできないが、前記の他に小諸尋常高等小学校、臼田尋常高等小学校などにも設置されていた。そして校数だけでいうとこの数は昭和後期、36年頃の数と匹敵するのである。「其方法は区々混沌として草創時代の感」があったにしろ、時代的背景を考えたとき特殊教育の1つの隆盛時代といって差し支えないであろう。つゞいてその調査報告から3校の例を挙げている。

(1) 長野市城山小学校の答申

1 劣等児童識別の条件

(1) 各学年に於て最劣等児童を選定し之を比較調査して予定の人員(当校にては1学級20人内外)以内に於て収容す

(2) 右児童に対する調査は大略次の如し

甲　学科　国語算術其他の得点が其学級の標準成績に対して頗る劣等なるもの例へば10点中3点以下の者

乙　感覚故障あるもの
耳目等の故障の為に教授上取扱を異にする必要ある者

丙　言語不明なる者或は其上話し方のできざる者

丁　発音上に故障ある者

い　出産の当時障害ある者

ろ　幼時中大患にかかり其他発育不完全を来したる者

は　現在身体に異常ある者

戌　注意の異常なる者

い　注意散乱し普通教室にて一様の手段によりては管理し能はさるもの

ろ　沈うつにして普通教室にて直接教授の対象とならざる者

以上の事実を集めて比較研究したる上に於て収容するものとす　最初の年に於ては(明治29年)準備整はさりしため多少人選を誤りたることあり(中略)是が決定は校長、部長、学年主任、受持教員、及低能学級主任協議の上にてなすものとせり

2　編制の方法

(1)複式学級を編制し全然特別教室に収容す

(2)教授時間　尋5、6　　1週30時

尋4　　全　28時

3　実施沿革

明治39年度	尋3、2	1学級
〃　40年度	尋4、3、2	1〃
〃　41年度	尋5、6 尋4、2、1	2〃

4　教員の配置

明治39年度より継続受持男教員1人本年度より新に女教員1人にして本年度は2学級ある故前記2教員をして

1学級宛受持たしめ男教員を其主任となす

5　児童数　39年度　22

40年度　21

41年度　37

(中略)

10　父兄の感情

(1) 本来は喜ばず然れども児童が身体及成績の不良なることよりして特別の学級を設けて適当な教育を施す旨趣を聞き寧ろ喜び感謝しつつあり

(2) されども一日も早く成績を進めて普通学級に復せしめたしとの希望を有する者多し

11　児童の感情

幼年級のものにありてはさほどいやがること無しと雖も尋4以上のものは他の児童に対して耻かしと思ふこと多し　併し児童は新に編入せられたる当時だけにして慣れるにつれて更にいやな感をなさず喜で勉学しつゝあり

(収載前項と同じ)

ここで注目したいのは、特別学級に対する父兄及び児童の気持であり、この点は現代も殆ど変ることがない。

(2) 松本尋常高等小学校の答申

1　施設の沿革

本校は劣等児童に適切の教育を施さんがために明治23

年４月学級を編制するに学力の優劣により甲乙丙丁戊等に分ち、同一学年受持中優良なる教員を順次劣等学級に配当したることあり　此法は劣等学級生は他の軽侮を受くると共に自暴自棄の念を起し、訓育上の障害となり又各学級教授の進度を異にし授業上の統一を欠き且教員何れも劣等学級に当るを嫌忌する等の弊害あり　従て其成績予想の如く佳良ならざるを以て明治27年３月に至該学級編制を癈し(中略)明治41年４月より男子尋常２学年に限り、特に劣等児童１学級を作り現に其利害得失を実験しつつあり(中略)

２　施設に対する児童父兄の感情

前述の如く別に此学級あることを明瞭に発表したるに非ざれば他の児童は勿論該児童自身も之を知らざるものの如し(中略)家庭訪問の際に於て何となく此組織の大要を話し其趣意のあるところを告げたることありしに時々不満の感を起すものなきにしもあらざりしが、多くは愛児の脳力那辺に存するかを知り寧ろ喜で感謝するの傾向ありき

(収載前項と同じ)

松本尋常高等小学校では、明治23年から４年間の失敗にこりてか、極めて慎重な姿勢で学級を設けていることがわかる。学級数は１学級であり30名内外の児童(尋2)によって編制されたものであるが、大正期に入らずして癈止されている。

(3)男子師範附属小学校の答申

当校に於ては文部省訓令第6号(明治40年4月17日)の旨趣に基づき本年3月中劣等児童の特別学級を設くる計画を樹て4月より之を実施せり　然れども開始幾ばくもなくして本校2回の火災に遭遇し(中略)本年9月に至り手工教室の空時間を利用し不完全ながら再び其授業を開始せり

1　識別及編制

(1)生来才能の劣等なるもの

(2)入学前全く教養の道を誤りたるもの

(3)知能の発達の年令に比して遅緩なるもの

(4)疾病に起因するもの

(5)学校教育の欠点に起因するもの

(6)家庭及社会の事情に起因するもの

等あるべしと予想せらる。(中略)遂に班を普通児童と伍せしめ得べきものあるべく、中には到底普通児童の程度に達せしめ得ざるものもあるへし(中略)

(1)普通児童と劣等児童とを区別すべき限界線如何

(2)劣等児童中前掲二種のものを如何なる標準によりて識別すべきか

(3)劣等児童の為めに特別学級を設くべきか若くは普通学級間に於て特別の取扱をなすべきか

(4)特別学級を設くとせは右二種の児童を同学級に編制すべきか又は別々の学級となすべきか

以上の諸項は経験の乏しき当校に取りては頗る困難の問

題にして(中略)其進級を妨ける難関とも見るべきものは算術及国語(読み方、綴り方)の2科にあることを認めたり

是に於て本学年に於ては経験の第1歩として是等の児童に対し特別の教育を施すこととし40年度に於ては一先つ之を進級せしめ4月に至り一の補助学級を設け前掲12名の劣等児童を之に収容し一の複式学級として其教授を開始せり是等の児童は補助学級に専属するものにあらずして単に算術及国語の2科のみ補助学級に於て教授し他は普通学級に於て教授する仕組みとなし、且つ此2科に就て進歩の顕著なる時期を挨ち之を普通学級に移すべきことを予定せり(中略)

2　理由

(1) 特別学級を設くることせるは劣等児童は其原因の何たるに関せず之を普通学級に於て有効なる特別の取扱をなさんことは不可能にして強て之を行はんとせは普通児童を犠牲に供するに至るべきを慮りたるに由る

(2) 略

(3) 尋5以上の児童にも1、2特別の取扱を要するものなきにあらざりしも之を下級児童と混して教育せんことは利の害に及ばさるべきを慮り此種の者は落第として前学年の課程を反覆せしむる方針をとれり

(4) 略

(5) 第2種の児童に就ては普通児童と同程度の学習を要求するは教育上根本的に誤謬の思想なるべく従て此

種の児童に対しては低き程度に於て義務教育を完了せしめ進みて尚在学せんとする場合には後来彼等の社会上に於ける職業に鑑みて適切なる教育を施さざるべからさることを予定せり

（後略）

3　補助学級に属する児童に就ての調査

(1) 各教科に於ける成績の不良なる原因各教科に対する好悪の状態及当該学年の課程に対する知識の程度

(2) 感覚機関の官能及注意力の持続状態

(3) 遺伝誕生及現在の身体状態

(4) 家庭の教養状態及生活程度

(5) 学校生活に入りし後の経歴

右の第1項に関しては主として算術国語の2科に就て当該学年の最低度と認むるものを標準として個人別に之か試験を行へり左に標準の例を挙ぐべし

算術　尋常第1学年（2学年略）

・20以下の数の唱へ方書き方を満足に出来得るや否や

・基数を直観せしめて之に答へ得る程度如何

・基数に基数を加へ又基数より基数を減する計算の能力程度如何

・数の倍数的関係の理解程度如何

国語

・ざらはさか行音の発音を満足になし得るや否や

・片仮名の読み方書き方を満足に習得しありや否や

・平仮名の読み方如何（以下略）

4　実施後に於ける児童及父兄の感情

父兄中には多少之を悦はさるの傾向なきにあらさるも児童は毫も之を嫌悪するの色なく(中略)彼等は普通児童の間にありては常に等外として取扱はれ且つ課業も亦普通児童と同程度のものを強いらるるを以て肩身の狭きを感ずると共に学業に対して常に苦痛を感じたるべきに(中略)彼等相当の活動範囲を得て漸次学習の興味を得るに至りしものならんか(中略)父兄中却て従来附属小学校に低能児学級の設けなきを遺憾とせるものありとの言を聞くを得たり

(後略)

(明治42年信濃教育第267号より収載)

附属小学校はこの年始めて学級を開設したのであった。極めて慎重な配意がなされているが、その理由の1つに普通児童を犠牲にしないためという項があることに注目したい。この点は教育の建前的な理念の問題ではなく、当時もそして現代も真の意味での特殊教育の前進をはゞんでいる要因の1つなのである。しかし一面で児童の将来の生き方、職業教育にまで思いを至している点は、他の学級に比して先見性があるともいえる。いずれにしても晩熟生学級をもって耕やかされていた長野県では、文部省訓令第6号によって急速に学級設置が進んだと推察されるのである。

信濃教育会の雑誌「信濃教育」は、当時教育界の唯一ともいうべき研究、実践及び情報交換の場であった。特殊教育についての諸問題も信濃教育誌が舞台になって、より多くの人々に理解されていった。この「信濃教育」には明治42年(第270号)には、英人ピーチ氏の「低能児教育論」が紹介され、また同年の第276号には松本尋常高等小学校の「優劣等児童に関する調査」研究が掲載されている。

さらに同年第278号には長野後町尋常高等小学校の「低能児教育上の注意」として低能児と体重の関係についての研究報告が出されている。翌43年の第286号では小林利喜蔵による「低能児童に於ける言葉の研究」がとりあげられている。小林利喜蔵は明治39年からの4年間特別学級を担任して、児童46名について発音異常、語い数と能力の関係及びその原因探求、さらに治療指導の方法など詳細に述べたユニークなものである。

かくてこの年代は「信濃教育」誌上で研究結果が次々と発表された如くに、長野県では実際にも30校程の学級設置校と、それを上まわる学級数をもっていたのであった。即ちこの明治40年代、ことにその前半は明治から昭和前期にかけて、内容は別としても長野県教育において精神薄弱児に視点をあてた唯一かつ稀有な時代であったといえるのである。

3　精神薄弱教育の衰微と廃絶

前項で述べたとおり明治30年代から40年代にかけて、長野県においては精神薄弱児のための教育が実践的にも研究的にも盛んに行われた時代であった。しかもそれは明治初年から昭和前期にかけてのなかで、唯一で稀有な時代でもあった。但し精神薄弱教育といっても、それは今日的な言い方であって、もちろんその内容は学力不振児をはじめ、言語障害、情緒障害、肢体不自由など多様な障害児が含まれていたことは、既述の資料によって理解されることである。

しかるにその後大正期に入る頃から、特殊教育なかんずく学業不振児についての教育は、急速に衰えていったのである。そして大正9年には、これらの児童のための最後の砦であった「晩熟生学級」も癈止され、以後昭和26年小諸市野岸小学校に精神薄弱児のための学級が開設されるまで、遂に顧みる者もなかったのであった。ここであえて「学業不振児」の教育といったのは、既にみてきたように、明治時代からの特別学級は「学業の不振な児童」が焦点であって、何故に学業不振を来しているのか、つまり障害の種別や程度についての研究は極めて浅かったからである。従って鈍児、劣等生、落第生、低能児等々の呼称もたゞ一点学力不振という視点からみたものであり、現代において問題としている「精薄児」もしくは「知的発達に遅れをもつ児童生徒」とは、微妙な差異のあることを見逃すわけにはいかない。

とにかく学業不振児に対して正面から取り組もうとする姿が、長野県教育のなかから急速に失われたのであるが、その原因は何であったろうか。この点については本項の結論にするが、そういった状態はたとえば「信濃教育」誌上から特殊教育に関する所論が、極めて数少くなっていることからもうかがえるのである。このことは長野県の教師の眼が「学力不振児」から離れ去ったことを意味するといっても過言ではない。

若干脇道にそれるがそれでは長野県教師の眼は何に向けられたのか。雑誌「信濃教育」だけが長野県の当時の教育を後世に伝えているのではもちろんないが、少くとも信濃教育誌は、県内教育の実践、研究、情報交換の最大の場であったから、信濃教育誌の傾向はそのまゝ当時の長野県教育の傾向を示しているといってよいであろう。そういった視点で「信濃教育」のあとを追ってみると、明治45年の第312号に島村抱月の「欧州文芸思潮史」と題する論文が掲載され、以後3回にわたって連載されているのが目を引く。大正4年次には白樺運動として後世に定着しているような芸術論が多数掲載され、大正7年にはデモクラシイ思潮が問題となり、大正8年には久保田俊彦による「鍛錬主義」論と、林博の「革新」論、また田辺元、務台理作、河西省吾らが「理想主義」「個性の本質」「心理主義の過失」を論じ、さらに大正9年から15年の間には百花僚乱ともいえるように、西尾実の「気分教育」をはじめデュイ、ロダン、ラスキン、ダンテ、カント、ポアンカレ、芭蕉等々の紹介、芸術哲学に関する論文がおびたゞしく掲載されている。死についての考察などもあって、つまり当時の長野県教師が何に注目していたかが、よくわかるように思われるのである。

もちろんそういった傾向と、学力不振児の教育の衰微とが直接結びついているわけではない。しかし実際には明治40年初頭を頂点として展開された特別学級がその間に癈止されていき、それらに関する論稿も寥々たるものになったということは事実なのである。この点について杉田裕は次のように述べている。

まず第1に、信州における教育思潮の一つ「人格主義の教育」は「教師の人格の向上こそ教育改革の根本問題である。そして教師の人格はより高い他の人格に接することによって陶冶される。およそ教師たるものは何をおいても天下第一の人格者に接する事で」というわけで、講演会が随時開催され、雑誌信濃教育の掲載傾向も変化していき「一旦人格尊重の叫ばるるや是迄盛に行はれた研究調査も急に下火になり、抽象的な理論や形式的な施設なども重きを置かれなくなった」というように、教師の人格の修練を強調することによって、種々の研究、調査が下火とされたことで、劣等児・低能児教育の研究も下火となり（中略）第2に、劣等児、低能児の「特別学級」は年を経ることによって、その弊害と教師自身の疑問を生みだし、その解決と実践の方法を見出し得なかったことと、教師たる人を得なかったことがあげられる。（中略）松本尋常小学校の「成績不良生徒の特別学級」の明治44年度の担任西村寛一は、次の意見を述べているのである。
「低能にあらざるものを低能視し児童の人格を無視す……約30名を以てするも一方に補成せんとする比較的劣等児と到底不可能なる低能児を一緒にしたるは何れかを常に犠牲として教授せざるべからざる感あり。（中略）」等で、結局次年度には該学級は姿を消したのである。

（けんとくれん第32号杉田裕論稿より収載）

「少し位何かができるようになっても一生低能と言われる。是を救う道はない」とは、大正年間に入っての「低能研究会」での後町尋常高等小学校の意見であるが、ここにもっとも大きな問題が生まれたのではなかったか。戦前に少年時代を過した人であれば記憶のあることであるが、軽べつ語として「低能」というべつ称が使われていた。その意味も理解できないまま、そう呼ばれることをおそれた少年時代の記憶がある。しかも「特別学級」も何もなかった山間地においてである。教育および教育上の施策がいかに大きな力をもち、社会を変えていくものかを思わずにはいられない。

さて、信濃教育誌上に特殊教育に関する所説の数は少くはなったが、全く姿を消したというのではない。ことに次の論説は長野県内で「特殊教育」という言葉が、文献上で2度目に使用されたものとして注目されてよい。

特殊教育論　東京高等師範学校教授　乙竹岩造

国民教育の趣旨は、普通教育が全国民を蔽ふといふ原則の上に立つ。然るに従来の理論及び実際に於ては普通以上に発達したる児童に就てのみ考へられ少しも特殊の事情を有するものの上には及ばずして、彼等に就ては寧ろ教育以外のものの様に考へられたりき、然れども特殊教育は大に顧慮せられざるべからざる問題にして、特殊教育とは特殊の人が特殊の人にある影響を与へんとするものにはあらずして或る特殊の事情を有す者の上に国民教育を施さんとするものなり（中略）ひるがえって之を吾国の現状に見るに、普通教育の点に於ては敢へて欧米諸国に比し遜色なかるべきも、只吾に於てはあらゆる方面に普及し居らず、今試みに明治44年1月現在文部省の統計によるに学令児童の就学義務を免除又は猶予せられたるもの左の如し

盲	3,839人
ふうてん	564人
ろう	5,611人
白痴	3,431人
盲ろうの他の不具児	4,894人
其の他による免除	10,822人
〃　　　猶予	64,779人
合計	93,940人

次に明治44年10月1日現在、在学中の特殊児童数左の如し

低能児	130,904人
白痴児	4,771人
てんかん	2,343人
不具(盲ろう唖を除き)	20,725人
合計	158,743人

不良児、言語障害児は此の外にありて合計約252,600人の学校に行かざる児童あり。之をみても特殊教育事業の焦眉の急務たることを知るに難からさるべし

(大正2年信濃教育第318号より収載)

これは東京高師教授の乙竹の論説であるが、明治末年の就学免除猶予児童数の多さと、ここでも特殊教育という言葉が使わ

れていることに留意したい。日本の特殊教育の状態を憂慮しての所論であるが、これが大正2年に信濃教育誌上に発表された意味は何であろうか。

乙竹岩造は当時日本の低能児教育の第一人者であった。既に明治40年帝国教育会で「低能児教育法」の講演をしていた(年表参照)。その第一人者である乙竹が信濃教育誌上に特殊教育論を発表したのは、同誌の編集者の寄稿依頼があったからであることはもちろんであるが、容易に進展しない特殊教育とその本質、――いうならば「特殊教育とは特殊の人が特殊の人にある影響を与えんとする教育にあらず、特殊の事情を有する人に国民教育を施す」ことにあるのだということを、切に訴えたかったからに他ならない。逆説的にいえば当時は、まさに特殊の人が特殊な人に与える教育という認識が一般であったとも推察できるのである。しかも前述のように長野県の精神簿弱児教育は、特別学級がどんどん癈止される状況にあった。「信濃教育」編集部がそういった状態についてある意味の憂慮をもち、乙竹岩造に寄稿を依頼したとも考えられるのである。しかし新しい教育思潮が流入しそれに目を奪われた多くの教師は、どれほど乙竹の考えをかみしめたであろうか。

第７章
石川の精神薄弱教育

１　盲・ろう唖教育以外の特殊教育の動き

特別な教育措置の変遷

戦前の特殊教育といえども、前節まで述べてきた盲・ろう唖児に対する教育以外に、いろいろと考えられたし、行われてもきた。ただ特殊教育が心身障害児に対する教育として受けとめられ、その考え方が一般に定着したのは比較的新しいようである。戦後の学校教育法施行以後と考えてよいだろう。

かつて「特殊教育」「特別学級」などの名称が使用されていたことはある。たとえば

明治38年(1905)３月15日付県令第15号「尋常小学校特殊教育規定」

大正４年(1915)７月９日付市告示第35号「尋常小学校特別学級規定」

などがある。それぞれ規程の冒頭条文は次のように述べているので、現在の特殊教育とはその意味内容に多少ちがいのあることがわかる。

「尋常小学校特殊教育規程」(県令)

第一条　市町村、町村学校組合ハ就学児童中女児ニシテ学年相当ノ年齢ニ超過シ子守其ノ他特別ノ事情ニ

依リ成規ノ教授時間内ニ就学シ能ハズト認メタルモノアルトキハ本規程ニ依リ尋常小学校ニ於テ別ニ学級ヲ設ケ特殊教育ヲ施行スルコトヲ得

「尋常小学校特別学級規程」(市告示)

一、万8歳ノ学齢児童ニ付貧困ノ為メ就学猶予ヲ申シ立テタルトキハ市長ニ於テ正則ノ教授ヲ受ケ難シト認ムル者ニ限リ特別学級ニ編入ス

どちらも、当時の就学促進対策の一環と考えられ、とくに心身の障害による就学困難を配慮したものではない。しかし、実際には特別学級就学者が生育環境に恵まれない児童が多かったためか、学業不振状態のものが多かったようである。当時の教育状況を知る手がかりが得られないので詳しくはわからないが、なんらかのハンディキャップを持った児童に対する教育的関心は、具体的な配慮、てだての確立にむかって動いていることが感じられる。

心身障害児への教育的動き

特別な指導や配慮を要する児童のことは、学校教育の現場でもいろいろと考えられてきた。学業不振児についての対応策や、身体虚弱児、肢体不自由児に対する配慮などである。

先ず、学業不振児の教育であるが、特別な学級を編制して指導を行ったという例は残念ながら見当らない。ただ大正9年(1920)鹿島郡の徳田尋常高等小学校が劣等児学級を編制したという記録はあるが、これは次の同校百年史の抜粋からも推察

されるように、能力別学習指導に関する研究の一手段として試行された公算が大きい。

> 同9年には研究のため、尋常科4学年を男女共学の能力別編成をし、甲組は優等児童男子37名女子33名、乙組は劣等児男子34名女子14名とし、7月12日から始業前に各児童が自分の教室で自学的復習、予習を実行することにした。

このような試みは当時他の地区でもかなり行われたようであるが、ダルトンプランや自由主義教育を目指した新教育運動などの影響によるものと思われる。児童中心とか、能力に応じた教育とかを標傍していた割には、ハンディキャップの大きい児童の側に焦点をあわせた動きにはならなかった。

研究的な動きとして、個別指導という立場から個人、グループ、あるいは学校ぐるみで劣等児の教育に取り組んだ例は多い。大正4、5年頃から女子師範学校付属小学校は、特別な学級こそ編制しなかったが、学校として「分団式教授を加味した劣等児救済法」を研究課題にし、その方法的究明にあたっている。また大正5年から発足した訓導協議会（付属小学校を中心とした初等教育研究会主催）が、同年12月の第1回協議会ですでに「個別指導（取扱）に関する問題」を協議のテーマとしているし、その後昭和期に入っても『石川教育』などの教育誌に数多くの実践報告や研究結果が発表されている。しかしこうした動きも特殊学級に結びつく活動にまでは至っていない。

1　劣等児教育の開始

本県でも、他県と同じく様々な方法で就学督責が実施された。その結果、前述したように就学率が80％台に達した明治33(1900)年から聾児の小学校就学が顕現し始め、盲唖学校開設によって盲児、聾児の就学が実現された。同じ頃、成績不良児や劣等児と呼ばれた児童の教育にも、関心が向けられるようになった。それは、盲児や聾児の教育に見られた「自立ノ道ヲ得セシムル」という視点からではなく、後述の特別指導の形態からもうかがえるように、「実力養成」(「学力向上」)が基盤になっていた。

本県では、明治末年から大正期の半ば頃まで、他県への学況視察や実態調査、講習会への参加、あるいは文献研究を通じての指導法における模索が続いた。「大阪府、兵庫県ニテハ劣等生ノ取扱ニハ特ニ多大ノ注意ヲ払ヒツヽアリ」、「劣等生救済方ニツキ孰レモ注意シテ訓令セラレツヽアルモ其方法条項備ハラス劣等生特別教授ハ留置ヲ命ズルモノ多ク教科ノ一部免除ヲ行フモノ少シ」という学況視察の報告や、「各原因を調査しその種類により或は低度の課題をなし或は課外教授をなし或は優等児と隣せしめ之に模倣せしむる」という隣県調査報告に見られるように、他県における劣等児教育の実際が参考にされた。なお、この教育に関連する講習会への参加や先覚者たちの文献研究などの積極的な取り組みも見られるようになった。羽咋郡での「劣等児取扱方法ニ関シ取調」(明41.<1908>11.)、珠洲郡正院尋常高等小学校の「本校の施設概要」(明44.<1911>)及び「私立石川県教育会教育品展覧会」(明45.<1912>))での「低能児童注意練習器」(能美尋小)、「特殊教育ニ関スル研究事項」(能美郡芦城尋小)、「劣等児救済ノ実験」(能美郡上大杉尋高小)、「劣等児童取調」(石川郡安原尋高小)、「劣等生指導ノ栞」(羽咋郡大福寺尋小)、「劣等児取扱ニ関スル調査」(鹿島郡鰀目尋小)、「我校劣等児童取扱方法」(珠洲郡東山尋小)などの事例は、明治末年までにこの教育の取り組みが全県的に拡大されていたことを示していた。

当時の主要な「劣等児童取扱」法は、「終業後約2、30分間特別指導ヲナス」ことや、「座席ヲ教授上都合ヨキ位置ニオクコト　直観教授ニ努ムルコト」などであり、大正期に入って、新たに夏季休暇を利用しての特別指導や特別学級を編成しての指導も行なわれるようになった。文部省学校衛生課の報告によれば、「全国に於て特別学級を初めて編成せるは大正6年頃で(中略)大正10年頃に至ってこの主張が盛んになるや、各地に設けらるゝに至った」という。本県でも同じ頃、初めて能力別による特別学級が編成された。『徳田小学校百年史』は、大正「9年には研究のため、尋常科4学年を男女共学の能力別編成をし、甲組は優等児男子37名女子33名、乙組は劣等児男子34名女子14名とし、7月12日から始業前に各児童が自分の教室で自学的復習、予習を実行することにした」と報告し、また、『滝尾小学校史』は、大正「10年には2、3年生が能力別編成をなし、大正13年より15年まで3か年は、全学年甲組、乙組の名称のもとに編成された」と報告している。当時滝尾小学校を含む鹿島郡内の高等小学校では、「児童実力養成具体法案」として「児童の優劣により学級を編成し、更に分団教授を行ふこと」が校長会で決定していた。また、劣等児の指導法として「規律を厳にして、課業を確実に授け、而も、程度は児童のそれより入ること」や、「2つ叱って3つ褒めること」が校長会より指示されていた。いずれの事例も、劣等児を対象とした本県特別学級の嚆矢と考えられるものであった。

当時県下小学校に「低能者」と思われる児童・生徒が、表のように就学していた。このように、大正10(1921)年頃には精神薄弱児がかなり多く就学するようになっていた。劣等児教育の発展の背景には、こうした就学実態があったのである。また、羽咋郡高浜小学校の教育方針に「個性尊重、能力開発—個性を尊重して適切なる教授をなし、劣等児及び優等児には特別の方法により指導をなす」と見られるように、この劣等児教育の根底に「大正新教育」の思想が流れていた。

大正13(1924)年には、本県でも、劣等児教育はかなりの発展をみせ、特別学級設置校は6校(18学級、男子398名、女子372名)となり、北海道、東京、神奈川、兵庫、長崎、千葉の各県に次いで比較的多くの特別学級を開設している県となった。

表　石川県内低能者調（就学者）

年齢／障害	満 6 歳以上 同 12 歳以下 ノモノ	満 12 歳ヲ超エ 同 20 歳以下 ノモノ	満 20 歳ヲ 超エタルモノ	計
Idiot	54	30	1	85
Imbecile	134	23	4	161
Moron	157	60	12	229
計	345	113	17	475

（注）この表は、大正 10（1921）年、石川県内務部社会課が「石川県内低能者調」として、「学校ニ通学中ノモノ」、「農工業等ノ労働ニ従事スル者」、「何事ヲモ為サス遊ヒツヽアル者」を調査、その調査結果のうち、「学校ニ通学中ノモノ」のみを著者が集計したものである。障害名は出典による。

第8章
埼玉の精神薄弱教育

1　精神薄弱教育

劣等児・低能児という呼称で位置づけてきた学業不振、知的遅滞ないし欠陥の状態を示す子どもたちについては、この時期(とくに、大正期のメンタル・テストの時代から)になると、知能検査の標準化とその学校教育への普及等によって、一定の知能指数(大体、75～70以下)に満たない者にかぎって精神薄弱として区別してとらえるようになってきた。昭和5年ころ、精神薄弱者の出現率は「100人につき2人乃至3人、平均2.5%位」とみなされ、したがって、「現今学齢児童数1千万と見て、約25万の精神薄弱児が存在」すると推計されていた(文部大臣官房体育課編「精神薄弱児養護施設資料」昭和6年度)。しかし、いわゆる特殊学級(特別学級や補助学級)数の全国的推移をみると、大正9年で100学級(3,200名)、同12年380余学級(1,600余名)、同13年463学級(3,063名)、昭和6年100学級(1,470名)、同10年53学級(912名)、同12年55学級(1,937名)という状況であり、精神薄弱児と普通児の境界に位置づけられ「中間児」等と呼称された子どもたちのための促進学級は、大正13年現在、全国で383学級(1,600余名)であった。特別学級や補助学級と称される特殊学級の在級児童をすべて精神薄弱とみなすには、1学級あたりの平均生徒数(約40名、最高78名)があまりにも多すぎるし、事実、地方の教育界においては、いまだ精神薄弱とそうでない者との診断・判別の方法も不明確であり、また特別学級という名の促進学級的性格の学級も多かったのであるから、特別学級はすべて精神薄弱児だけの学級ではなかった。

一方、障害の重い精神薄弱児らのほとんどが就学猶予・免除制度の適用を受けていた。いったん就学したものの、その後、白痴と認定され、就学免除の適用をうけるにいたった例もある(大正15年9月、入間郡吾野村)。

精神薄弱児らに対する特殊教育の実態については、たとえ特別な学級編制や教育方法等が実施されたとしても、短期間の過渡的な施策であることが多く、また、それについての行政当局への報告も厳密にはなされておらず、この時期の状況を正確にとらえきることは非常に困難である。ここでは、県行政文書の中から現在までに発見された関係資料等を通じて、当時の実態を紹介するにとどめる。

入間郡第2飯能尋常小学校の場合、明治44年10月1日現在、尋常1年から6年までの児童中に低能児が10名存在した。

児玉郡秋平尋常高等小学校では明治45年から大正4年まで、「特殊児童取扱規定を設け、精神の発育遅滞にしてその学力普通の児童に比し劣れる者に対し、教師は深厚なる同情と慈愛とをもってこれが教授に従事すること」とした。また大正5年から9年まで、「劣等児取扱規程を設けて、これが救済を図る」。さらに、大正13年、14年には「特別児童取扱規程を設けること」、昭和2年には「成績不良児童の取扱に留意すること」、同

３年から６年までは「劣等児の取扱いに留意すること」などが行なわれた。

なお、秩父郡皆野小学校では、大正２年に「知能の遅れている児童に特別の教育を施すべきであるとして、放課後児童を残して個別指導をした」という。

そのほか、大正８年４月、「埼玉教育」編集部が「県内の多年の経験を積まれたる実際家」に対し「大正８年度の新計画事項如何」というアンケートを行なったが、26人の教員中３人がそれらの事項の１つに、「特殊児童（子守児童、低能児童）の教育方法の講究」、「劣等児の取扱―基本能力の欠陥を調査し其の培養を図る」、「子守及特殊児童の教育法改善」を挙げている。実際に行ったかどうかは不明だが、本県においても、当時の全国的傾向と共通して、いわゆる大正自由教育の風潮が、この種の教育の改善に影響をおよぼしたものと考えられ興味深い。

第 9 章

京都の精神薄弱教育

第 2 節　脇田良吉の実践

ところでこの「仮盲唖院」の開業式から約20年を経た明治32年、京都市立淳風尋常小学校の訓導であった脇田良吉が、“特殊児童”の指導を手がけようとして、苦労されていた事実がある。前掲の『京都府誌』には、脇田良吉が明治32年、担任の一低能児と寓居をともにし、特別教育を試みたことから、教育困難とされていた児童への教え方について、種々研究するようになり確信を深めていったこと、そして公務のかたわら、「春風倶楽部」を開設して、淳風小学校を中心に附近の小学校からも、教育不可能と認められていた当時の落第生十数名を集め、特別教育を開始、その効果は大いにあがったと述べられている。この事実は脇田自身の著書『白川学園』にも、次のように回顧記述されている。

「……職を京都市淳風小学校に奉じて居た時であるが……当時の淳風校は京都市西南隅の場末であって、有名な貧民窟や遊廓があり、又相当な富豪もあって、教育研究好きな余には恰好の所であった。さうして学校児童には随分多くの特殊児童がいた。殊に余をして今日あらしめた一児童と、寝食起臥を共にした事であった。……彼は当時尋常4年であったが……」

また学校長か珍しく寛大な人で、形式的なことにこだわる校長なら禁止するようなことも許されて、よく研究ができたこと、無落第の方針での学級運営が認められていたこと、成績不良児組も設けられていた等々のことが記述されている。しかしそうした指導実践のなかで、必ずしも脇田が期待するような成果にはとどかなかったので、明治38年2月15日、脇田は京都府教育会研究部に、「各府県庁所在地ニ1校若シクハ数校ノ特別学校ヲ設立スルコトヲ建議シテハ如何」ということを提起する。この建議は時の視学官によってうけいれられなかったので、特別学校の前身として「春風倶楽部」を結成、特別教育を試みることにしたと記述されている。京都の公教育における劣等児(特殊児童)教育は、こうした経過ではしめられたのである。

『春風倶楽部第1回報告要項』によれば、発足当時の春風倶楽部の在籍児童は11名、明治39年4月13日からの始業であった。「春風倶楽部」は淳風尋常小学校内に開設され、時の視学官や市視学其他の先輩を顧問とし、京都市松原以南の11校の校長、学務委員を後援者としていた。倶楽部での指導は〝公務のかたわら〟のとりくみであったから、担任学級以外の仕事として、始業前・放課後に補習教室的におこなわれたらしい。そのとりくみの具体的な中味がわかる資料は、いまのところ見出せていないが、脇田の著書『白川学園』等若干の資料から、次のようなことが考えられる。

まず脇田良吉がここで〝特殊児童〟としていたのは、「心身の発達不充分なるもの及び性行不良の傾向あるもの」であった。すなわち盗癖児・乱暴児・虚飾児・遅鈍児・臆病児であるとしている。「春風倶楽部」ではこうした児童を対象に、次のような趣意にもとづき特別教育を試みようとした。

趣意書

均しく学窓の下に学び、均しく第2の国民として立つべきものにして、其心身発育の状態に異常あるが為に、他の学友と相携て共に進歩する能はざるものは、真に憐むべき児童ならずや。或は其境遇の憫むべく、或は其事情の悲むべきが為に、各種不良の僻質を助長し、遂に社会に出て、人の指弾を招くに至らんとする傾向を有するものあるは、是れ亦実に邦家の不祥事ならずや。甲にありては適切なる個性的教授によりて、正当なる発達を遂げしむることを得べく、乙にありては同情ある個性的訓育によりて、円満なる性情を滋養せしむることを得べし。而して現時の学校は、多数の児童を収容し、主として団体的教育を行ふ所なるが故に、此等の要求に対しては、其便宜を有せざる場合甚だ少からず。是れ学校に於ける普通教育以外、別に特殊教育を必要とする所以なり。吾が春風倶楽部は、此等不幸不運なる児童の為に、満腔の同情を以て、此の普通教育の欠陥を補ひ、両々相待ちて国民教育の実績を奏せん事を期せんが為に生れたり。願くは国家の将来を考へ、児童の未来を慮る士君子よ、奮て吾人が微意を賛助せられんことを。(『白川学園』より)

そして7月12日付で報告された前述の『春風倶楽部第1回報告要項』には、次のような記録がある。

1、始業日　明治39年4月13日

2、在籍児童数　11人

其種別

甲	乙	丙	丁	合計
2	5	2	2	11

3、毎週授業時数

種別 学科	甲	乙	丙	丁	各科合計
算術	2	3	2		7
国語	2	2			4
唱歌		1			1
合計	4	6	2	6	18

4、始業以来各科時間数

種別 学科	甲	乙	丙	丁	各科合計
算術	7	15	10		32
国語	5	8			13
唱歌		4			4
合計	12	27	10	33	82

丁についての授業状況や、在籍児童の種別がどのような区分であったか等、わからない点もあるが、報告の第5項には〝各種の教育法及び其成績〞があげられていて、その事項が報告さ

れたようである。そして第8項は「本部(春風倶楽部―筆者注―)の事業に着手せし以来、普通教育に於ける感想。此項顧問諸氏に責任なし」として、

「1、尋常科1学年に於ける受持児童数を50人以下とする事。2、尋常科1、2学年の受持教員は、心理学・生理学・衛生学・倫理学・教育学に比較的趣味を有する教育家が受持つ事。3、尋常科1学年の或る余れる時間に於て恩物を取扱はしめ、2学年以上の手工科に連絡する事。4、尋常科1学年に於て自然界の観察になれしむる事。5、尋常科1、2学年に於て衛生上の良習慣を無意識の間に養成しおく事」

と記されている。著書『白川学園』にも、脇田は春風倶楽部での実践について、公(普通学級担任)私(春風倶楽部指導)混同を避けるため、「春風倶楽部」の仕事を学校の始業前・放課後としたこと、そして「児童には多少重荷の感があった。……このような不自然な時を選んではならない。殊に放課後に至っては疲労の最中であるから、教育上の一大矛盾であって、児童には寧ろ気の毒であると感じた」と書いている。こうした脇田の感想記録には、

①尋常科1、2年を、児童の発達を見据える観察時期として、大切に扱わねばならない。

②一定の基準で選出された児童集団を対象に、通常の授業時間帯に、普通学級において、特殊教育の方法を講ずる指導

か望ましい。

③児童の個性・人権への思いやり。

を基本として特殊児童へのとりくみを進めようとしていた脇田の、特殊教育への姿勢がうかがえる。それはまた脇田の教育・児童についての、基本的な視点でもあったのではないかと思う。特殊児童の指導法については、「適切なる個性的教授」「同情ある個性的訓育」を基本方針として、「復習法と特殊法の2種。復習法というのは単に復習するにすぎぬのであるが、特殊法は十人十種であるから今茲に述べる事は出来ぬ」と述べ、教授には「何よりも忍耐と児童を愛する真情が最も肝要かと思ひます」と述べている。

ともかくこうして脇田は、淳風尋常小学校で試み、春風倶楽部でとりくむなかで、興味は深まり片手間でできる仕事ではないと考えるようになっていったようである。そして公務を辞退してでも、本格的にとりくんでみようという気持ちになり、とりあえず明治39年10月、勉強のため東上する。明治39年11月16日付で脇田が書いた『東都にて見たる特殊教育』は、東上して留岡幸助が校長であった家庭学校、石井亮一の滝の川学園、養育院(小石川区大塚辻町)、盲唖院、萬年尋常小学校、高等師範附属小学校、女子高等師範附属幼稚園を参観したことを伝えている。そしてそれぞれに“大いに得る処があった”としているが、“やってみたいものは1つもなかった”と書いている。それ以上に脇田にとって大きな収穫であったのは、特殊教育専門家と、親交を深め得たことであったと思われる。留岡幸助・石井亮一・岩崎佐一・伊沢修二・元良勇次郎・乙竹岩造等、その道では名の聞こえた人たちとの出会いであった。明治40年3月、ついに小学校の教職を辞退して、再度研究のため上京した脇田は、楽石社特殊教育研究部で高等部乙種(通学生)の生徒を担当しながら、前述の人たちから助言指導をうけ、実験や研究に打ちこむ。明治40年3月25日から6月29日までの毎日を、脇田自身が書き綴った『特殊教育研究部日誌』は、この間のとりくみを伝えている。さらに半年間在京して帰京した脇田は、かねて調査を嘱託されていた京都府教育会研究部低能児教育調査委員会の力添えも得て、白川学園の開設(明治42年7月3日)にとりくんでいったのである。

脇田良吉が淳風尋常小学校で試み、「春風倶楽部」でとりくんだ無落第主義組や落第生学級の実践を、ただちに京都における〝精神薄弱児教育〟の嚆矢であったとすることはできないかもしれない。当時は今日のように、科学的に明確にされた精神薄弱児の概念があったわけではないし、脇田自身も当時の実践を

「……幼少の頃、初等全科卒業試験の時、同級生4人が受験して、成績が発表されるまで家族親類まで大に心配したが、4人の中で2人まで落第したものがあって、その家族の悲しみといったら、それは死人の不幸でも見たかのやうであった。それから試験する立場になってからは、落第させない主義で教育したが、落第すべきものを、そのまま進級させて行くといふ事は、甚だよくないといふ事を知ったので、特別教育をして落第させない事にした」

と回想してもいるのである。しかし同じころの長野県松本尋常小学校の落第生学級や、長野尋常小学校の晩熟生学級等のとりくみと同様に、特殊児とみなされていた児童への、特別な対応としてはじめられた学級であったことはまちがいない。

ただ脇田の記述等からも、この時期の低能児・劣等児教育は、あくまでも成績不良児を対象の核とするものであったと考えられる。しかも淳風尋常小学校等でのとりくみは、就学・出席率向上政策(明治40年前後には、学力向上策に変る)にともなって増加した就学児童のなかで、顕在化しはじめた劣等児にたいして、脇田が個人的な善意と熱意をもとにおこなった教育実践であった。さらに〝富国強兵〟のための〝人材養成〟という政治課題をめざす、明治の教育行政の路線に立つものであったから、進歩性とともに限界性をあわせもつものであったといえる。

こうした特殊教育であったが、その対象児のなかには、今日の軽度の〝ちえおくれ〟といわれる子どももふくまれていたであろうから、脇田らのとりくみは、今日の京都の精神薄弱児教育につらなる原型の意味も、もっていたと考えてよいのではないかと思う。

ところで脇田はなぜこの時期に、特殊教育に目を向けていったのであろうか。

まずこの時期の教育政策は、前述してきたように、より多くの児童をいかにして学校教育につかせるかを、最大の課題としていたが、そうした教育状勢を基盤とした不就学児童についての就学督責が、たえず教育現場に令達されていた。「邑ニ不学ノ戸無ク、家ニ不文ノ人無カラシメン」との聖旨を奉じた官員教師たちが、そうした令達にこたえる対応策のひとつとして、特殊教育はとりくまれていったのであろう。たとえば京都府教育会綴喜郡部会が編集刊行した『山城綴喜郡誌』(昭和47年10月複刻)によれば、綴喜郡田辺尋常小学校では、

「明治35年7月、不就学児童を召集し、毎日午後2時間特別教育を施し、其成績有効なりしと云ふ。...... 明治37年、2、3、4学年児童中、其成績劣等なる者に対し、特別教育を施し優良成績を得たり」(102頁)

といったとりくみがあったことを伝えている。また大正7年、京都市役所編刊による『京都小学五十季誌』も、

「……但明治33年より2ケ年間、下京第5学区に於て、区内徒弟の未就学者に対し夜学を開設し、小学校の教科を学習せしめ、以て学区内には義務教育未了者絶無なるに至らしめし事ありて、当局はじめ一般の注意を喚起したるが、蓋、特別教授の濫觴となすべきか……」(87頁)

と伝えている。こうした記録にも見られるように、明治30年代から40年代にかけては、義務教育制度の普及、教育対象の拡大という目標の達成と併行して、成績不良児や低能児の問題も顕在化してくるという流れのなかで、学業成績向上政策としても劣等児教育は教師にとっての大きな対応事項となっていた。つまり国によってきめられた教育の内容をすべての子どもたちにいかに効果的に教えるかという教育方法や技術の問題として、教師に課題化されていたのである。

次に脇田自身の教育的信念をあげなければならない。脇田の淳風小学校・春風倶楽部時代については、ほとんど資料がのこ

されていない。脇田の記述やメモの多くは、東上後ないし白川学園長時代のものである。したがって小学校教員当時の具体的なとりくみや考え方については、後になって回顧された記述から考察するよりほかはない。

脇田は当時、低能児を救済してこそ、真の教育普及といえるのであって、そのためには特殊学校を設けるべきであるとする主張をもっていた。明治38年2月、京都府教育会研究部にも特殊学校の創立を提起しているが、ほかに「人口5万以上の都会に特殊学校を設立すべきである」とする著述もある。また『注意の心理と低能児教育』の自序では、「余は久しく小学校教育に従事した結果、不幸なる低能児を救済したいと思う念が常に絶えなかった」と述べ、春風倶楽部のとりくみで救済の可能をより信じ、大いに研究したいと思うようになったことを述べている。また“異常児教育の真意義”では、「私共異常児教育に従事しているのは、単に国家や社会の利益問題ではない。人道問題が基礎になっているのである」と書いている。

脇田は以上の2点を主たる動機として、特殊教育への関心を深めていったのではなかったかと考える。

脇田の特殊教育への関心と研究は、こうした動機によって深められていったのではないかと考えるが、その背景についてもう少しふみこんで考察しておきたい。

第３節　実践の背景

京都における就学督責の訓令は、明治８年の文部省布達第１号に対応する明治８年１月の、番外第２号の布達が最初である。以後明治39年までに漸次精細となり、10回におよぶ改正布達がおこなわれている。明治32年１月に布達された府訓令は、「国民教育ノ普及ヲ計ルハ、児童ノ就学ヲ督励スルヨリ急ナルハナシ」ではじまり、本府学令児童の就学の歩合を示して、児童の就学をよりいっそう高めるよう督励したあと「3、就学ハ各町村学令児童100人中少クトモ85人以上タラシムベシ。4、日々出席平均数ハ在籍生徒100人中90人以上タラシムベシ」等と達示している。

明治39年１月19日付の訓令と通牒においては、就学を容易ならしむる方法および出席奨励の方法について、“特別教育”として

「い、他ノ児童ノ教授ニ差支ナキ限リ、子守ノママ出校セシムルコト。

ろ、小学校内ニ子守教育、丁稚教育ヲ施スコト。

は、小学校令第36条但書ノ趣旨ニヨリ、日曜学校又ハ夜学校ヲ設クルコト。

に、製造場又ハ工場ニシテ多数ノ学令児童等ヲ雇用スル場所ニハ相当ノ教育方法ヲ設ケシメ之ヲ監督スルコト。

ほ、土地ノ状況ニ依リ巡回教授ノ方法ヲ設クルコト。

へ、通学不便ノ土地ニアリテハ分教場ヲ設ケシメ、其ノ一分教場ヲ構成スル能ハザル部落ノ児童ハ、便宜寺院等

ニ於テ小学校令第36条但書ノ趣旨ニヨリ教育ヲ受ケシムルコト。

と、貧困ナル部落ノ児童ニハ正教科ノ傍、適当ノ職業ヲ授ケ多少ノ賃金ヲ得シムルノ方法ヲ取ルコト。

ち、盲啞等ノ不具者モナルベク学校ニ収容シ、正教科時間外ニ於テ便宜適応ノ教育ヲ施スコト。」(傍点筆者)

と示し、さらに「六、出席の奨励」として

「就学ノ歩合ニ於テ好成績ヲ示スアルモ、欠席者多キトキハ其ノ効果乏シキニヨリ、皆就学ヲ期スルト同時ニ、アラユル手段ヲ講ジ、児童ノ出席ヲ奨励スルコト」

と達示している。

日清戦争の勝敗の帰趨か明らかになった明治27年末ごろから、その勝利の原因が維新以来の国民教育の成果であるという主張がさかんになり、従来軽視されがちであった女子教育や実業教育、社会教育の分野にまで、教育の振興と就学奨励が強調されるようになった。そうした状勢のなかで、京都でも各種機関が開設されていった。

しかしこうした就学奨励策は、軍事力・労働力としての基礎的知識を、最大多数の者に徹底させることが目的であったから、当然のことながら前述したようにそうした就学奨励策のなかで、増加した劣等児・低能児に、目を向けていかなければならなかったのである。文部省も明治40年4月には師範学校へ「特別学級ヲ設ケ之カ教育ノ方法ヲ研究センコトヲ希望ス」という特別学級設置奨励の訓令を達示している。脇田の特殊教育への関心も、すでに明治20年代後半からめだって強調されるようになった、就学督責・出席督励を中心とする勧学政策がベースとなって、深められていったものであったと考える。

次に脇田本人のことについてであるが、その著『異常児教育三十年』に、

「社会の安寧秩序を計るのに、根本策として普通児の欠陥を矯正するのがよいか、低能児の教育をするのが有効かといへば、余は普通児の欠陥を矯正した方が如何に有効か知れないと思ふ。然るに今日のやうに、児童成人後の事を余り考へずに、只管在学中の成績の佳良な事のみに腐心して居る間は、真実の教育は行はれないであらうと思はれるがどうであらうか。真実の教育が行はれたならば、国家社会はもっと早く浄化されなければならぬ……」

と述べている。脇田のいう“真実の教育”とは、従来の詰込主義教育を批判した“人間教育”であり “適材教育”であった。

「余は嘗て『優良生はのんびりと、凡庸児には活気付け、白痴・不具者も大切に、器うつはに育てませう』と標語を作って見たが、此の標語の意味は、地上に生存する人類一人として粗末にはしられない。不良少年であらうと白痴であらうと、何か生存の意味を持っているのである」

とも述べているが、これらの脇田の記述には、子どもの側に立とうとしている脇田の姿勢が感じられる。

しかしお国のためを最大の課題としていた当時の国家主義的な教育状勢のなかで、“人間教育”や“適材教育”の視点から、子ども個々への救済対応を、教育主題として主張していくこと

は、容易なことではなかったのであろう。片手間でとりくむべき仕事ではないことを悟った脇田は、明治40年3月、ついに公職を辞して東上、専門的研究に従事する。東上した脇田は京都府教育会研究部から、成績不良児教育の調査も嘱託され(明41.4)、その道の専門家たちの指導助言を得ながら、“児童の心意の発達”を知るための実験研究をつづける。劣等児や低能児と接触する機会も増え、多様な指導法を経験するなかで、研究考察を深めていくことになるのである。そうしたなかで明治41年7月12日、滝乃川学園長の石井亮一夫妻を教父母として、滝乃川学園内の聖三一教会で洗礼を授かる。この年を追想して脇田は12月31日の日記に

「本年は余にとって大革命の年であった。かねて理想としてあった天職(学園の創立—筆者注—)は、具体的に実現されることになった。次に数年来疑問となっていた宗教上の信念は、入院なる事変に遇うて愈と頼るべき道を求め得た……」

と書いている。キリスト教徒となった脇田は、神の前では孤児であろうと白痴であろうと平等であり、養い教えるのに差異があってはならないとするキリスト教的博愛主義の視点から、「子どもは全て神の子であり、均しく扱うべきである」を教育的信念として指導を展開していく。

明治42年7月、白川学園が発足、脇田は園長として運営に携わる。京都府教育会との間に若干の曲折もあったようだが、信仰と研究をより深めるなかで、白川学園長時代の脇田は特殊児童に視点をすえていた淳風小学校・春風倶楽部時代の脇田と

は、多少ともちがっていたのではなかったかと思う。皮肉なことに脇田が教育現場を去ったころから、劣等児・低能児の取扱いが、教育界で主題化されていったのである。そして一定期間を経て、児童を中心とする大正教育のなかでの特殊学級の開設を迎えるのである。

第1節　師範学校附属小学校特別学級

第1章で述べてきたように、明治期の特別学級は富国強兵という国是のもと、就学督責により就学率・出席率を増大させるなかで、未就学児童や低学力児童の問題が顕在化し、その対策としてすすめられたものであった。いわゆる子どもの学力の優普劣の差が、学級で授業をすすめていくうえでの問題として顕在化したため、その取扱い方法をめぐっての対策であったといえる。京都府教育会綴喜郡部会の『山城綴喜郡誌』に見える田辺尋常小学校でのとりくみ等は、その実態をもの語るものであった。しかし当時の就学率向上をめざすこうした過程は、一方で就学猶予免除児童を生み出す課程ともなっていったことを見逃してはならないと思う。

こうした動向のなかで、成績不良児の特別学級のとりくみは、明治40年11月17日付の文部省「訓令第6号」の通達を契機として、まず師範附属小学校を中心にひろがっていった。「訓令第6号」の一節には

「……附属小学校ニ於テハ規定ニ示セル学級ノ外、成ヘク盲人・唖人又ハ心身ノ発育不完全ナル児童ヲ教育センカ

為、特別学級ヲ設ケ之カ教育ノ方法ヲ攻究センコトヲ希望ス。蓋シ此ノ如キ施設ハ従来未タ多ク見サリシ所ナリト雖、教育ノ進歩ト文化ノ発展トニ伴ヒ将来ニ於テハ其必要アルヲ認ムルヲ以テナリ」

と指示されていたからである。

しかし師範附属小学校でのとりくみの多くは、数年後には廃止されていった。ひとつにはそうした特別学級の「成立基盤に弱さがあり」いまひとつは必ずしも「附属小学校内部の教育実践上の課題として生起したものではなかった」からである。また明治42年(1909)ころから、国家社会の利益のための人材開発という教育観が背景となって、"優秀児教育"の必要性が強調されはじめたことも、ひとつの理由であったと考えられる。

京都の教育界におけるこれらの動向は、大正6年(1917)11月29日、府議会において木内重四郎知事が"教育に関する事項"として、次のような提案をおこなったのが最初であった。

「……師範学校ノ附属トシテ特別ノ尋常小学校ヲ新設致シテ当分4学級トシ、身体強健学才優秀ナル児童ヲ集メテ特別ナル教育ヲ施サウト思ヒマス。小学校児童ノ一般ヲ大別シマスレバ各学年共ニ健康上、又学才上優等ナル者、普通ナル者、劣等ナル者、此三ニ分類スルコトガ出来ヤウト存ジマス……優中劣ノ各者ヲシテ各之ニ適応スル教育ヲ施ス方ガ児童ノ為メニ幸福デアリ利益デアルト思ヒマス……」

「児童の為に幸福であり利益である」と述べられてはいるものの、施策の根底には、人材開発のための優秀児の早期選抜・

早期育成の教育方針が、第一義として位置づけられていたのであろう。知事の提案に沿って京都師範附属小学校では、大正7年4月から大正9年3月に至るまで〝第2教室(優秀児学級)”が4学級開設され、教育方法の研究かおこなわれた。

一方、京都市においても、市長の〝優秀児取扱いに関する諮問”にたいして、大正6年、京都市校長会から出された“答申”により、公立小学校において、優秀児を対象にした分団式能力別学級編成が、さかんにおこなわれるようになったという。こうした実験教育はおおむね好意的に迎えられたが、これに反対の意見もなかったわけではない。しかも優秀児教育の効果をあげようとすればするほど、その反面で劣等児の存在が問題となったのであろう。次のような〝意見書”が知事へも建議された。

低能児教育実施ニ関スル意見書

低能児教育ハ教育革新ノ枢要ナル問題ニシテ大ニ研究セラレ且実験セラレツツアリテ低能児ガ普通児ヨリ鑑別セラルルニ依リテ教育ノ効果ハ全クシ得ルコトハ疑ヒヲ容レザル処、現今初等教育ノ成績上ラザルコトヲ聞ク所以ハ当体即チ成育ニ異常ナルモノ多キニ基因ス之レ即チ適材教育ヲナサズシテ無差別平等教育ヲ為シタル結果ニ外ナラズ若シ低能児教育ノ進歩セバ低能児其者ノ教育ハ勿論普通児ノ教育ニ於テ内容改善サルルコトハ火ヲ視ルヨリモ明カナリ幸ニ低能児ノ教育ノ実施サレ道徳的低能児ヲ救済スルヲ得バ教育上一層好結果ヲ得ベシ之レ実ニ低

能児教育ノ必要ヲ絶叫スル所以ナリ
低能児教育ガ教育ノ理論上ヨリ、社会政策上ヨリ将又京都府ノ初等教育ニ於ケル地位上ヨリ考察シ適材教育トシテ府立師範学校附属事業トシテ一日モ速ニ実施セラレンコトヲ望ム

右府県制第44条ニ依リ意見書提出候也

大正9年10月20日

京都府会議長　木戸　豊吉

京都府知事　馬淵鋭太郎殿

こうしたなかで大正デモクラシーを背景とする新教育思潮の高揚の影響もうけて、大正期の劣等児教育の実践はすすめられていった。京都師範附属小学校に、劣等児の特別学級が開設されたのは大正15年4月であった。遅鈍児(知能指数75-100・久保式知能検査)21名(第2学年のみ)を収容して、昭和5年まで続けられたのである。

第2節　一般公立小学校における学級開設

師範附属小学校に劣等児学級が開設された大正15年(1926)には、京都市内の成徳・七条・桃薗・養正・弥栄・滋野・崇仁等の各一般公立小学校にも、特別学級が開設されていた。それは、大正民本主義や新教育の理念の高まりを契機とした、教育改造の波に沿って開設されているふうでもあった。

大正9年ごろから、学級開設の問題をとりあげ検討していた

成徳・七条小学校等、数校からの報告をうけていた京都市教育会は、大正11年5学級開設することを認めた。しかしこの年に開設したのは、結局成徳小学校(6月)と七条小学校(10月)だけであった。崇仁小学校の特別学級の担任であった(昭和7年)高宮文雄は、その遺稿で

「大正11年に成徳小学校と七条小学校に特別学級が設けられた。成徳校長は斉藤千栄治先生で、担任は川原誓鳳先生である。斉藤校長は後に滋野校長になられ、田村一二さんを特別学級担任として育てられたし、永く京都市特別児童教育研究会長として、終戦前の斯の教育の功労者である。七条校は川崎廉先生が校長で、担任は中村フジエ先生で、実に熱心な方であった。中村先生が転任されたあと、その後任として七条校にいた私の姉、南みどりが退職するまで担任していた。……」と記述している。

成徳小学校長であった斉藤千栄治は、大正元年奈良女高師附属小学校で、低能児学級(分団形式)を担任したことがあってその経験から学級開設への熱意と理解をもっていた。当時学級開設へのふみ切りは、すべて学区会委員(のちに学務委員)の了解で決議され、市は学区会委員からの報告だけで済ましていたが、学区会委員の了解をとりつけるのは、校長の熱意と決断にかかっていたのである。また大正11年10月13日付の京都日出新聞には、七条小学校の特別学級開設当時の様子が、「七条小学校に特別教室新設、12日に披露式」の見出しで、次のように伝えられている。当時を伝える大切な記事なので、少し長くなるが引用しておきたい。

「市内下京区第36学区七条小学校では今度低能児劣等児

の為特別教室を設け12日午前8時から藤井指導員の実施教授の後、9時から開所披露式を挙行した　府からは萱島視学　市からは城野視学　社会課長代理松尾書記臨席　其他連合小学校長8名　区内有力者数十名参列し、式後同区では同校勤続10年の神田訓導表彰式を挙げ、宣徳瓶掛を贈呈じ式を閉じ茶話に移った　其間川崎七条校長藤井指導員の特別学級に関する講話があった　先には成徳校に此教室の設置あり今又七条校に此設置を見たのは教育界の為喜ぶ現象であるが、七条校の収容児童は1学年3　2学年4　3学年4　4学年2　男9女4計13名で教室の設備費の中へ百円宛区内篤志者大藪重太郎　内藤駒三郎　橋本与三吉　中村金之助4氏から寄附あり　担任中村女教員と川崎校長とは熱心に其設備と教育に腐心している」

このようにして大正11年(1922)6月には、公教育としては京都最初の特別学級が、成徳尋常小学校で川原誓鳳訓導によってはじめられ、つづいて同年10月12日には、七条尋常高等小学校て中村フジエ訓導によってはじめられたのであった。その後開設された学級もふくめて、大正期における京都の特別学級を一覧にすると、次頁の表のようになる。(表は略)

京都の公教育の場に、特別学級が開設された大正11年は、有名な水平社宣言が、3月3日に京都の岡崎公会堂で採択され、『全国水平社』か創立された年でもあった。その意味で京都の特別学級の開設も、当時の民衆の社会的意識の高揚を背景とした教育要求に、支えられた側面があったのではないかとも思える。しかし最初の開設であった成徳小学校特別学級は、その設置理由を『精神薄弱児の教育概要』のなかで、次のように説明している。

「1. 人道上より

㋑正常児と平等に人格を認めること。㋺吾人と同様の幸福を得しめんとす。

2. 刑事上より

㋑社会の犯罪行為を減少せんとす。㋺社会の犯罪行為を未然に防滅せんとす。(低能児が犯罪者となる割合は、普通人に比し20倍及至40倍)

3. 社会政策上より

㋑坐食して家庭の厄介者とならしめざらんとす。㋺適当なる職業に就かしむ。

4. 経済政策上より

㋑社会の被る物質的損害を減少せんとす。

5. 教育能率増進上より

㋑個性と能力とに適応したる教育を徹底せんとす。㋺普通学級に於ける負担力を軽減せんとす」

また大正14年1月開級の養正小学校の場合にも、その趣旨書は

「素質及び能力に適応するような教育を施し、学校生活を有意義且愉快に終始せしめたい」

と述べている。

「個性と能力とに適応したる教育を徹底」としながらも、社会防衛的な考え方を基底とした、愛護・憐れみの教育がおこな

われようとしていたようにも思えるが、そういってしまえば言葉が過ぎようか。もちろんそれが最も望ましい解決策ではなかったにせよ、「学校生活を有意義且愉快に終始せしめる」なかで、救済しうる児童は1人でも多く救済しようという教育形態が試みられ、それが現場に定着していった意義は画期的なことであった。

しかし学級の開設理由や指導方針を読み返してみると、その原点は明治期の、国是に順じた精神主義や教化主義を超えるものではなく、そこに大正民本主義や新教育の理念がもつ、認識の限界があったように思える。ただこの時期の進展として、欧米から日本へ移入されはじめていた教育病理学や心理学等に支えられて、これまでの劣等児教育が精神薄弱児教育へと変容していったことが認められるのである。清水寛らも文部省が大正期におこなった調査報告を検討するなかで、

> 「報告書の記述で注目される点のひとつに、ここで『特別学級』とは、『促進学級』（Forde-runge Calsse）と『補助学級』（Hilfs Calsse）の両者を含み、前者は『精神薄弱者』の中の『劣等児』を対象とし、後者はその中の『低能児』を対象とするものである　と定義していることである。
>
> これによって少なくとも、大正末期になると『特別学級』は、広義での『精神薄弱』児のための学級であり、その性格・名称は対象とする児童の状態・特徴によって1種類に分けられるようになりつつあったことがうかがえる。しかし『劣等児』と『低能児」とは、どのようにして区分するかについては『知能検査』の必要性を強調して

いるにもかかわらず、明記していない。……」

と述べている。

第３節　学級編成と指導内容

大正14年１月に開級された、養正小学校特別学級の担任であった田中寿賀男は、昭和10年に発行した回顧録『養正の特別学級』で、“知能指数による児童の分類とその教育所”を、次のように図示している。この図は特別学級編入の児童は、普通学級と補助学級の対象となる児童の間にある劣等児であったということを示唆している。

成徳小学校長であった斉藤千栄治は、奈良女高師附属小学校在職中に書いた手記『精神薄弱児の特別取扱』で、

「劣等児とは、毎学年末に進級させようか、或は原級止めおこうかの問題となる児童、及一時的成績不良の児童であり、低能児とは先天的遺伝、風紀に関する病的遺伝、住居及食物の劣悪等々を原因として、白痴、痴愚、魯鈍に分類されるもの。」

と書いている。かつて脇田良吉もその著『成績不良児教育法』(明42)に

「劣等児といへば多く成績の劣等を意味している。低能児といへば、教育の効果によらずして、能力の低き事を意味している。」

と書いていた。したがって劣等児を対象とする特別学級では、その指導方針を日常生活上の訓練及職業的訓練をなし且つ学力

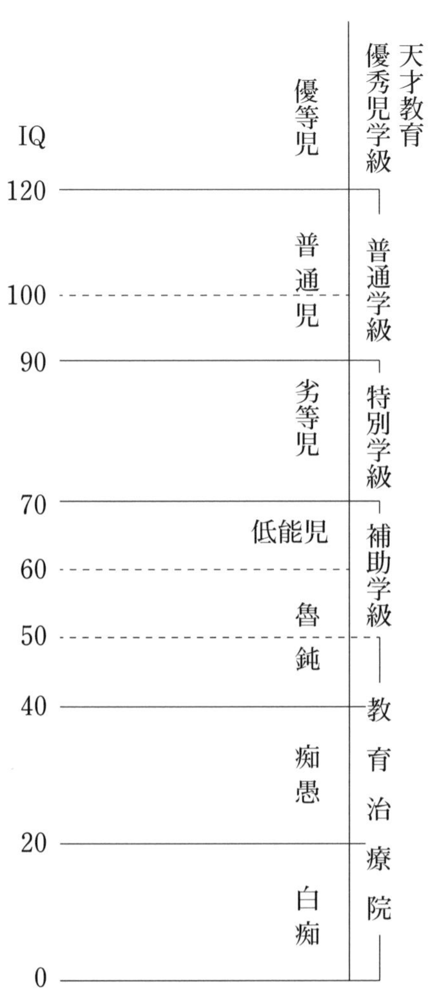

図　知能指数による児童の分類とその教育所
―『養正の特別学級』(昭 10年)より―

の増進を計らんとす」として、教科学習以外に生活指導と職業指導を重視し、卒業後親や世間の厄介者にならないための被使用人としての養成がめざされていたのである。それ以上に指導の困難な低能児については、補助学級を設けたり、教育(的)治療院という、いまでいう福祉施設に収容する形で、就学猶予免除措置にするという考え方であったようである。しかし補助学級の実践資料は、京都では見出せていない。ただこれらの資料は、前述もしているように一般的に特別学級と呼ばれたやや程度の高い促進学級的なものと、やや程度の低い補助学級的なものが考えられていたことを示唆している。したがって学級によっては、低能児に類する児童たちも混在する編成をおこなっていたところもあったようである。

学級の組織(編成)については『養正の特別学級』によると、養正小学校では「小2－小4年を本体として、その間に選定されたもの。どの児童も学年始めに1ケ年の契約で編人、学年末にはもとの学級に戻し、新学期に改めて組織」することにしていた。

入級児童の選定については、

「慈愛の心を以て極秘裡に詮衡」し

「①知能指数70以下なるもの、即ち低能児に属するものを第1位にとること。
②知能指数70－85の範囲のもの、即ち高度の劣等児級の中よりとること。
③身体の欠陥其の他の事情のために、学業に停滞を来し著しく成績の不良なものはこれをとること」

としていたという。

文部省普通学務局か大正14年末におこなった調査の「生徒選択の順序」の項に回答した養正小学校の編入生徒選定の方法は次のようになっている。

「1. 尋常科第5学年以下の男女学級に対し各担任訓導の認定により、最も成績の不良なる児童2名及至3名を選出し、其の家庭・身体・学業等の状況を調査せる記録の提出を求め、児童数70名を得たり。

2. 各学級より選出せる児童に対し、更に次の調査を行い選定の参考とす。①精神検査(久保博士大正11年式知能測定法による。更に2、3種の個別検査法による精神の発達状態の考察)②学力測定(主として算術・読方)③担任訓導と協議、30名を予選。④身体検査　⑤保護者と直接懇談、編入了解を求め、学校長と会議して、14名を選定。」

また桃園小学校の場合には、

「①各学級担任による調査・申告。②智能・学力の測定と身体検査。③家庭環境等の調査と保護者との協議。④校長、各学級担任、特別学級担当者との会議。⑤保護者等からの了解を得るための話し合い。」

という段階を経て、生徒の選定をおこなっていたようである。

さらに『養正の特別学級』によると、児童編入について保護者の承諾を得るために最も苦心したのは

「(1) これ等の児童の多くは、人家周密の中に起居している為に、この学級へ収容されると一時に評判が拡がるので

世間体を恥じて。

⑵ 学校を転々とするような関係上、どの学校へ行っても、担任と懇談した例なく学校のありがた味を知らず、教師に親しみなく、却って反感を抱く」

ことであったと記述されている。

新教育の理念高揚の時代ではあったが、“ちえおくれ”とみなされる子どもをもった親が、肩をすぼめてその育て方にとまどうている姿が思われる。こうした子をもつ親だけが味わわされる悩みは、時代の壁をこえた共通のものとしてそこにあったようである。

このような手続きで編成されていたこの時代の特別学級では、生徒にどのような指導内容を課していたのであろうか。教科学習以外に生活指導と職業指導が重視されていたと先述したが、たとえば成徳小学校では、教科課程を表のように定めていた。そして斉藤千栄治校長は、「教育は書籍や講義のみでは効果が甚だ薄い。生きた教育はかかる労作作業によりて初めて其効果を確実なものにする」との考え方にも基づいて、男子には簡易な機械工業、手工業、商業に関する簡易な事務の実習、女子には裁縫、家事に関する実習を課し、児童が学校を退きても、雇主及家庭との連絡を継続して、適当の指導を与ふ」と主張した。

文部省普通学務局、大正12年末調査による資料では、当時の全国特別学級（回答数 157 校）での教科教材の取扱の傾向を、次の３つに類型化している。

第１類型「学科を変ぜず、年令相当学年の教材に於て、そ

表　成徳小学校の教科課程

教科目	毎週授業時数	
修身	2	小学校令施行規則第4号表に拠る
国語	4	同　上
算術	3	同　上
郷土	2	郷土を主とする地理、歴史、理科の大要
図画 手工 裁縫	4	小学校令施行規則第4号表に拠る
唱歌	2	同　上
体操	3	同上及医療的体操
作業	6	日常生活の諸作業、園芸、飼育等

の基本的なるものをとらんとするもの」

第2類型「学科を変ぜず、ある学科は低学年教材を、ある学科は年令相当の教材を授くるもの」

第3類型「一定計画の下に、劣等児学級全体の方針をたてたもの」

第3類型を「特殊教育としては最も徹底せるもの」と述べている。そして京都市成徳小学校・桃薗小学校の取扱法は第3類型であり、「時間割短縮伸長を自由にし、教授を実際化することにつとめ、児童をして愉快に学習せしむることにつとめ、習慣の養成につとむる」ことに留意している学校と評価していた。

滋野小学校では、「1.簡易なる職業指導をなすこと、2.日常生活の訓練、殊に団体的社会的生活の訓練に重きをおくこと、3.学科の程度をさげ、可成(なるべく)合科的扱により(総合教科制)、彼等の現在及将来の生活に必須欠くべからざる実用的な教授をなすこと」との教育方針に基づいて、児童を手工類型と社会類型にわけ、個性に合った指導をめざした。前者の男子には木工による玩具製作の指導、後者の女子にはミシンの指導と染色の指導をおこない、商品化をめざした。生活訓練では労作作業によって、「偏奇なる感情の陶冶と社会的調和性の育成」をめざし、動物園・植物園を作り、小鳥や鶏、兎の飼育実習、草花の栽培の実習、教室内外の清掃実習をおこなったという。作業をつうじて人間的活動の機会をあたえ、実感にうらづけられた確実な知識を体得させようとしたようである。

桃園小学校の場合については、大正14年末調査の、文部省の「全国特殊教育状況」資料に、

> 「第3－6学年生、男女14名で1学級を編成。学力の向上するに従い適当の時機に於て原級に復帰せしむる予定なりしも、仲々困難なるを以て、現在体操、裁縫は原級に帰りて学ばしめつつあり、こは比較的学習し易きと一般児童により可(ママ)良児童の長所を学ばしむるにあり。郊外教授・遠足・運動会等は身体的欠陥あるものを除き、全く自学級に復帰せしめ、普通学級児と行動を共にすることを本則とす。但此学級のみ行うことも再三あり」

と、その学級形態と運営が報告されている。

田中寿賀男の回顧談(昭40.9.16)によると、当時は学区制で教員の給料だけは市から出るが、すべて学校の経費は学区会で区会議員が決め、特別学級の費用も学区会が決議しないと出なかった。区分議員の力や学区の状況で、学級へ支出される費用にはかなりなちがいがあってそのことで運営困難なところもあったという。

大正期の京都市の特別学級のいちいちの状況を詳細に見れば、その形態や運営には精粗さまざまなものがあったかもしれない。設置校長や担任が個々の方針で、思い思いにおこなっていたからでもあろう。しかし当時の文部省の調査報告資料等で見る限り、担任の資格や教歴、児童選定の手順、1学級の児童数、行政の関わり、指導内容等において、東京市・大阪市等とともに京都市は全国的に高いレベルにあったことがうかがえる。しかし特別学級における児童の出欠や学習的興味への効果等について、児童自身や保護者の側からの声や意見等の資料は見出せてはいない。もっとも「親の悪癖と病気が子供に及ぼした実証、低能児に就いて調べた結果」といった見出しで、七条小学校特別学級児の両親の疾病、飲酒量、妊娠中の家庭の状態等の問題をとりあげ、「……世の父母たるもの参考とすべき事であろう」と結んだ記事が、堂々と新聞紙面を占める当時であったし、奈良女子高等師範学校の教授が、「……人間の能力の差は遺伝であり……智能の優劣についての根本的責任は、両親にあるといってよい……」と講演していた世の中であってみれば、庶民にとって教育は、まだまだ“お上”からの一方通行的な施策の感が強かったのであろう。

その意味でもこの期の特別学級での教育は、校長や担任の個人的な熱意や善意の範囲にとどまる側面が強かったし、実験的な試みの側面も強かったといえる。学級設廃の要因にも、そうした熱意や善意が大きな条件となっていたようである。極端な言い方かもしれないが、この時期における特別児童教育は、当時の教育状勢に押し流されるなかで、劣等児問題への対応の試みを続けていたにすぎなかったといえるのかもしれない。児童の生活や心身の成長に留意し、それぞれの個性・境遇・能力などに注意すべきだという“取扱い方”を意味してはいたが、教師が児童の権利を承認するまでには到っていなかった。

義務教育は制度的な整備を終え教育の内容・方法を問題にする時期を迎えていたものの、低能児・精神薄弱児たちは、すでにその対象の外にはじきだされていたのであろうか。教育をすすめる必要条件を提起してはいたが、十分条件を充たしてはいなかったのである。思えば“就学免除”の明示は、明治33年の小学校令改正であった。彼等への特別指導がより科学的に実質的な中味をもつようになるのは、昭和初期以降になるのではないかと考える。

第10章
東京の精神薄弱教育

2　下谷区萬年尋常小学校特別学級

明治以降近代学校制度の中で、東京に初めて知能遅滞児のための特殊学級が創設されたのは、恐らく下谷区(現台東区)にあった萬年尋常小学校においててあろう。同校は正式には「東京市立萬年特殊尋常小学校」と称し、東京市直営の貧民(細民ともいった)学校であった(以下萬年小と略す。)

萬年小が創立した明治30年代は、東京市においても義務教育徹底のため就学率の向上は教育行政の最重要課題であった。しかし関係者による懸命の「就学督責」にも限界があり、中でも不就学の原因の30～40％を占める「貧窮」は社会政策の立場からも関心の的となっていた。

たまたま、明治33年5月、皇室の慶事(皇太子こ結婚)に際し、天皇、皇后両陛下より東京市に教育費として8万円が下賜された。東京市ではこれを資金として、明治36年、東京市直営の特殊尋常小学校を4校設立した。(下谷区萬年小、深川区霊岸小、本所区三笠小、四谷区鮫橋小)以後大正11年までさらに7校1分校が設立されるが、そのほとんどが下町にあった。

特殊尋常小学校は校長により特色のある経営がなされた。当然ながら授業料は免除で教科書、学用品、上履等学習に必要な物は一切学校から支給されるため、児童は何ももたずに登校すればよかった。その上週1回学校で入浴させ、児童の理髪も教員が行った。それでも生計の困難な家庭では退学して働きに出る児童もあり、後援会(財団法人、東京市特殊尋常小学校後援会、明治43年発足)では退学のおそれのある児童には1人1日3銭を支給するなどして就学を奨励したこともあった。

学校側でも中途退学を回避させるため、教科の時間を割いて作業(特別作業ともいった、後述)をさせて工賃を支払ったり、芝浦小のように放課後児童を近くのたばこ工場で働けるよう取計らった学校もあった。

さて萬年小は東京市初の公立貧民学校であった。その開設と経営にあたった初代校長坂本龍之輔は、教育に対する卓越した識見をもち特色のある学校経営が行われた。特に特別学級については、短期間であったとはいえ、教育史上意義深い試みであった。

1　萬年小教育

萬年小が設置され初の始業式か行われたのは、明治36年2月3日である。308坪の校地に121坪の平屋建校舎の小さな学校である。児童数は初年度第1学年より第3学年までで230名職員は坂本のほか4訓導と校医のみであった。

校長坂本の学校経営方針は彼が東京市に提出した「貧民学校設立案」に示されているが、その中で彼は教育の大綱について次の3点に要約した。

(1) 自主精神(独立・自活)の涵養を専らにせざるべからず。

(2) 父兄の教育。
(3) 学校の命数を限るべし。

この大綱では児童の生活環境改善のため父母の教育を徹底し、学校内に工場を設置して児童に生産活動に携わらせ、工賃を与えると共に職業に就くための教育も企画した。そして彼は、「貧民学校を否定するところにこの学校存立の理由はあるなり」と、萬年小の役割は地域社会の向上発展にあるとして、30年でこの学校を廃止すべきであると主張した。

開校後の教育実践は坂本の指導のもとに着実に進められた。翌年には彼の信条と萬年小の実践に基づいて「児童取扱総則」をまとめた。それが萬年小の「教育の基本方針」てあった。

一、教師は生徒の尊敬をかち得ざるべからず。
一、子どもを罰してはならぬ。
一、秩序と勤勉と正直。
一、教えながら導くこと。
一、根気くらべの覚悟が要る。

ここには教育者と被教育者との人間関係が極めて素朴な形で表現されているが、それだけに教師にとっては厳しさを感じさせる。教育方法の開発については、「人に聞いて楽にやろうとするのでなく、自ら苦しみ、発明する意力のないところに道は拓かれない。その意力あってはじめて仕事に血が通うのである」と、これは校長坂本龍之輔の信念ともいうべきものであった。この基本方針は現代でも違和感なく受けとれるばかりか、むしろ新鮮な感動さえ覚える。他に「導くことは導かれることである。子どもによって導かれながら子どもを導く方法をみつけてゆく」とも述べている。この萬年小の「児童取扱総則」は、教育に「不易」の原則があることを示している。「児童取扱総則」をまとめた翌明治38年5月、坂本は東京に初の特殊学級を置いた。

2　特別学級開設

萬年小は開設以来3年目に入ったが、校長にとって学校経営上の悩みの種は中途退学と原級留置児童の存在であった。明治37年度には1年生218名中26名の原級留置児童がいた。坂本は学校開設直後より「低能児と思われる」児童の存在に気づき、何れそのための学級が必要であると考えていた。実際に、「低能児」の存在はいつも職員室の苦情の種になっていた。つまり教育指導体制が整うに従って新入生にどんどん追い抜かれ、しかも授業進行の妨げになるのが彼等「低能児」であり、その存在が次第に目立ってきていたのである。

そんな折、北里伝染病研究所との出会いが特別学級設置のきっかけになった。3名の医師が予め選抜しておいた34名の児童を検診した。結果は異常なしが3名で他はそのほとんどが遺伝性梅毒で、しかも脳細胞がおかされているとの診断であった。坂本は「谷底へでもつき落とされた感じだった」という。

職員会議で職員の了承を得て、坂本は特別学級開設の理由書と予算要望書を市に持参したが受入れられず、結局現行体制で特別学級を編制することにした。市の許可を得ないまま学級を設置することにした坂本龍之輔の姿勢には、萬年小の学校経営にかける強い意志と情熱を感じるが、なぜこの時期に「特別学級」の開設にふみ切ったかは検討する値打ちがあろう。

明治30年代後半の東京市小学校における知能遅滞児を含めた学力遅進児に対する教育は、一般の学級における配慮的取扱が主流で、すでに長野県で行われていた特別に学級を設けて教育を行う方式はなかった。すなわち、明治37年11月に開催された東京市教育会主催の研究会において、余丁町尋常小学校長三橋伝蔵等の提案した「劣等児取扱方法」が一部修正の上「可決」されたとある。提案、可決ということはそれなりの拘束力があったのであろうか。教育現場における、「劣等児」の指導についてのコンセンサスが形成されつつあったということである。

この時期は、大規模校では能力別学級編制によって「劣等児」の集まった学級もできたが、1学級60～70名ということでは十分な個別指導は望むべくもなかった。しかも校舎が不足し、全市的に2部授業が行われていたような財政事情では東京市も特別学級設置など思いもよらないことだっただろう。

坂本が特別学級設置について市と交渉した折の状況を、添田知道は『小説教育者』の中で次のように描写している。

> これには小さくてもいい、1教室を増設したかった。年度予算の編成に先立って、特別学級開設の理由書と経費の要求を、市にもっていった。

が、課長はこれをうけつけなかった。いつにもまして、冷酷だった。

——低能児の教育などと、そんなことまで手をひろげなくてもよかろう。貧民児童の教育といふことだけで手いっぱいのはずではないか。そんな余計な経費がとれるものか、と島田俊雄課長が、「——どうも校長は、よくいろいろなことをいってくるが、事業の主体なり監督者たる市を、なんと思っているのかね。どっちが指図をするのかわからん。越権じゃないか」

（中略）

不満であり、憤りであり、いらだちであり、そしてそれがさびしさとなった。たが、上部がかくの如くであるからといって、仕事の現実にとり組んでいる者は、——それを投げてしまうことはできないのである。

疎んぜられた仕事への、あはれといとおしみがわきあがってくる。

（よし。なんとでもして、——やってみせるぞ）

この文中には特別学級についての教育論の展開はないが、校長坂本の学校経営に対する姿勢が見事に表現されている。

「市ではすぐ（経費が）といふ。教員がふやせなければ、軽費の裁縫専科教員を人れてでもよし、それもできなければ、現在数の中でなんでもやりくってやってみよう」そんな意気込みが坂本の中にあった。恐らく一般の授業の合間を縫って行われるいわゆる「劣等児取扱」の如き指導は、彼の気性から生ぬるく感じたのであろう。それに萬年小の特別学級も「午前・午後の2部授業」となったように、当時の教育指導体制の中では、放課後に特別授業を行うような余裕などなかった。

担任には小山はなが長野から呼ばれた。彼女は坂本の前任校錬屏尋常小学校時代の同僚で事情があって長野に帰っていた。30才、長野女子師範学校出身の本科正教員であった。

教室は「生徒昇降口が割合にひろかったので、それを半分にせばめ、その半分へ職員の席をうつし、4間四方の職員室の昇降口に面した方を、重ね戸棚で界して、3間と4間の、教壇なしの特別教室を設けた」急ごしらえであったが、一応の準備が整い、明治38年5月、34名の児童を抱えて萬年小の特別学級は発足した。

3　特別学級の教育

萬年小の特別学級設置にあたっての緊急課題はとりあえず一般学級から「低能児」を除いて「そのすべりをよくする」ことであった。その立場からは児童に対する具体的目標は、「個々の能力の程度を発見して」指導し一般学級へ戻すことであった。後年坂本は『小説教育者』の著者添田知道に、特殊学級廃止の理由に関連して次のように語ったという。

> 特別学級は幾多実践の結果、一見低能児と思われた者も多くは何らかの障礙でその精神能力が隠蔽され、進歩が遅れていたに過ぎないことが分った。従って、個々の能力の程度を発見し、それを開発して常態に復帰させるのは教師

の任務である。低能児をもったことはむしろ教師の、そして周囲の怠慢を告白するものであり、教師の恥辱である。

また脳中枢の欠陥による行動異常の児童は医学の分野に委ねるべきであると考えていた。前述の「多くの児童が梅毒により脳細胞がおかされていた……」とこれら懐想から、坂本は特別学級を学力遅進児の緊急避難場所とし、一般社会に直結する教育施設とは考えていなかったと思われる。

さて児童の実態はどうであったか、開設後2ヶ月頃の情況を参観者は次のように記している。担任の「気を付け」という号令に、「児童は更にこれには頓着せぬなり、相変わらず右に向けるあり左せるあり。後を向くあり、遠く列を離れんとするさえありて中々に規律の立つべうも見えぬ。なだめつすかしつしてやうやう2列となしたるものの、これ寧ろ教師が並べたものであって……」という状態である。さらに運動場での児童らの行動も衝動的で無規律にみえた。「……この間にも猶ほ互に相争ふことは殆ど絶えぬ。実に彼等は目の遷るに従っては心移り、耳遷るに従っては心移り、点々と相移って停止する所がない」と。かつて集団行動の経験のない「低能児」だけの学級の指導の難しさがうかがえる。

特別学級を始めるにあたって、坂本は当時活躍していた実験心理学者元良勇次郎の実験報告をもとに訓練の教具を作った。彼は身体活動をコントロールすることによって精神活動を活発化できるのではないかと考え、教科学習に人る前に「特殊訓練」の期間を設けた。

この特殊訓練の内容は、『小説教育者』によると次の3種類となっている。その1つは、針金で作った直径1尺と7寸の2種類の輪による歩行訓練である。これらの輪を床にならべて輪の中を歩かせる。輪の大きさや輪と輪の距離で難易度が生まれる。この学習は「歩行の正態化を図る」ことを目的として課された。現在、養護学校や特殊学級でも体育や遊びの時間にこの教具が利用されているが、当時教科学習の基礎としてこの訓練を教育現場で実践していたことは注目すべきことてある。

訓練の2番目はおもりを使った重さの弁別訓練であり、第3は今流にいえば目と手の協応訓練である。すなわち長さ1尺8寸、幅2寸の3角柱を桜材で何本か作る。その1本の峰には溝がほってある。訓練の始めは鉛筆の芯を溝に走らせて直線を感覚的に覚えさせることであった。次に峰を9粍幅に削った面を外にはずれないように鉛筆を真直に走らせる訓練をする。これが幅2分（約1.5粍）の平面でも失敗なく鉛筆を走らせるようになったら、紙に直線を引く練習に移る。こんな訓練を児童は初めは面白がってやるが、仲々集中せずまもなく飽きてしまったという。担任小山にとっては結構疲れる授業であったようだ。

開設以来4ヶ月が過ぎ、特殊訓練を終えて教科学習に移った。教科では一般児童と「あまり隔たりない」能力を発揮した5人が一般学級に復帰した。残った児童の中には難物もいたがなんとか授業は進行していった。この様子について参観者は次のように記している。

> 彼等の数理に関する観念は極めて幼稚である。団子の串10本の中2本引きで8本は容易に答へられたけれども、8本よりさらに4本引くの計算に至っては随分熱心に考へたけれども終にできなかった。書方読方等に就ては他の児童よりも特別に劣って居る様にも見えなかった。彼等の中には、耳より入りしことを容易に口にて発表し得るものありといふ。

萬年小の教育について、坂本の方針は「まず児童の現在の能力の限界を探りあて、そこを十分に固めてから先へ進む」ことであった。その後もさらに4名一般学級に戻った。このような結果から坂本は「低能児」としてその児童の扱いに手こずっていたことを不思議に思った。「小山さん。低能者を扱ふのに、低能児の先入主を以てあたる。これはまちがいですね。――これは教育上1つの発見だ」と坂本は述懐した。

地域環境が悪い上、保護者に教育力のない家庭に育った児童達である。その身についた2次的障害が彼等を特異な行動に走らせていたのであろう。この面では萬年小の特別学級は一応の成果を収めていたようである。

さらに萬年小の教育で見逃せないのが「特別手工科」である。現在の「画工科」は当時「図画科」と「手工科」に分れており、「手工科」は役所の許可を得て教科にくみ入れられていた。坂本は「特別」手工科と称し作品を売って貸金を得ることを考えた。

明治40年3月、上野で開催された東京府勧業大博覧会に鮫橋特殊小学校とともに萬年小も児童の作品を展示した。『東京市教育会雑誌』第32号には次の様な評がのった。

> 粘土細工、編物細工は其の成績の優劣は兎も角も直ちに之れを商員の手に渡して、相当の工賃を得ることができる点において、なる程斯様な特殊の小学校には必要な施設であろうと思われる。

その後、大正3年3月の東京大正博覧会では「下谷萬年尋常小学校(特殊学校)生徒の造りたる焼物人形は、博多人形を凌がむばかりの手際なるは感ずべし」という評価を得た。

この「特別手工科」の作業には特別学級の児童も参加しているが、「普通の学科以上に彼等は関心を示したが、販売できる製品にはならなかったという。学級の設備も特に一般学級と異なるものではなく、また特定の学科や作業教育を重視するということもみられなかった」という。

特別手工科は後に「特別作業」や「作業」と称され、他にも実施する特殊小学校が出てくる。霊岸小の足袋のこはぜ造り、三笠小の洋燈の傘張り、絶江小の紙袋はりなどが知られるようになった。

特別作業については関係者の間で「教育的には手工科で十分」という根強い反対意見があったが、林町特殊尋常小学校長の藤岡眞一郎は特別作業の利点を7項目にまとめた。

①勤勉忍耐や節倹貯蓄的態度の養成

②賃金による生活費の補助

③貧困家庭でも就学可能

④社会自立の基礎づくり
⑤内職作業の準備教育
⑥劣悪な家庭から分離(長い在校時間)
⑦欠席や中途退学の減少

しかし、内職作業で賃金を目的とした特別作業に対する教育的意義も次第に変化していった。その教育効果を評価して、特別作業を「児童の心理発達」を促進する教育手段であるとする論調があわれてきた。これに関して、戦後の「作業学習」も当初は生徒の職業的自立をはかる直線的手段と考えられていたが、「適応主義的」という批判もあって心理発達の面がとりあげられるようになった。日本人の心の中にはこと教育に関しては実利的職業的価値を一段低くみる傾向があるのであろうか。

4　特別学級の廃止

特別学級は明治39年3月をもって廃止することになった。坂本はこの意向を職員会議で告げ、その理由をあげた。1つは、「すでに過半数の児童が一般学級に帰り、のこる少数のものも近藤兄弟らを除いてはともあれ学課に就いている」ことであった。近藤兄弟とは「思考力が極めて劣っており本能的衝動的行動が多く」特別学級でもお客様になっていた。元良勇次郎にはこれ以上の精神発達は望めないとの判定を受けており、坂本もこの2人についてはこのまま卒業させようと決めていたのであった。そして他の児童については一般学級の教師の努力に期待することにした。「低能児といわれる者をもつことは教師の恥辱であり怠慢である」というのが彼の考えであった。軽度の知能遅滞児についての認識は教育界にはまだ育っていなかったのであろう。廃止のもう1つの理由は担任小山はなの死亡であった。彼女は前年の秋肺結核で長野に帰っており、後任を山下域之や石川千代らが引き継いでいた。「特別学級の廃止を以って、小山訓導の冥福を祈るはなむけにしたいと思い決意した」と坂本は職員会議で語った。小山の筆舌に尽くしがたい苦労と努力への感謝の気持ちがあふれていた。

しかし廃止の理由は他にもあったと推察される。特別学級廃止後の萬年小は9学級、内1学級は夜間部だが、他の8学級を2部授業にしても4教室は必要であり、それに職員も増えていた。教室の不足は深刻な問題であった。

特別学級が廃止された年の12月1日、東京市は萬年小の校地増加の件を認め、現校地の東面に417坪を買収して校舎を増築することになった。特別学級を廃止した坂本の決断の背後には普通教室不足を補うために校舎増築を申請していた学校経営者としての坂本の苦悩がうかがえる。

5　東京市鮫橋特殊尋常小学校特別学級

鮫橋小は萬年小より7ケ月遅れて、明治36年9月に開校したが、特別学級について十分な資料がない。萬年小を参観した同じ記者が両校を比較して次のように記述している。

> 萬年尋常小学校には特別学級があって、そこには、心意発達の低度にあるものを収容しているといふことは前にも述べた。又その児童の性質頗る常軌を逸し、所謂犯罪範疇

に入らんとする傾向を有する病的の者たることも述べておいた。然るに鮫ケ橋の小学校に於ては、特別学級の設備がない。否、以前は有ったが都合によって之を廃したといふ。吾人が見る所を以てすれば、鮫ケ橋の児童には、かかる病的の児童が殆ど絶無である(傍点は筆者)

続く記事の中で、記者はこの両校の差を地域住民の生い立ちの違いとしている。「劣等児・低能児」の原因に遺伝的な要因を重視していたことがわかる。つまり鮫ケ橋地区は、「稍高尚なる人民の不幸に陥れる者多く」と、没落した人々の多い地区であったからという。しかし病的な児童の存在はともかく、一般学級の教育についてゆけない「劣等児・低能児」が存在しないはずはない。なんとこの参観記が書かれた翌年(明治40年度)、鮫橋小は特別学級を設置していた。

第1学級	尋1	男43	女35	計78
第2学級	尋2	35	26	61
第5学級	尋4	35	34	69
特別学級	尋1234	26	22	48
第3学級	尋2	19	25	44
第4学級	尋3	38	22	60
計	6個学級	196	164	360

担任は鮫橋小開設以来在職していた「最も熟練」した室町市五郎訓導であった。しかし、この特別学級でどのような教育が行われ、その成果がどうであったか、残念ながら筆者はまだそ

の資料を入手していない。ただ明治40年度には鮫橋小は2教室しかなく、萬年小のように特別学級を2部授業にする余裕はなかったであろう。48名を抱えて「特別学級」としての運営をどのように行ったかは興味をそそられる。

この特別学級についてのコメントの中に、「貧家の子弟は、その能力において又その身体に於て、劣等なもの少なからず」とある。劣悪な環境のため学力遅進児が生まれることは十分考えられることで、他の特殊小学校においても数多くの劣等児が在学していたであろう。しかし、「特別学級」設置の資料は萬年小、鮫橋小以外には見あたらなかった。

「……ガキがバカなら、何も学校へよこすこたあねえ、すぐけえしてくれっ」と校長にねじこむ父親。「……肩身がせまくなって困りますから、子どもをバカ組にだけは入れないで下さい」と泣き込んできた母親。これらの苦情に対して坂本は「あの親たちの怒りや嘆きはどうだ。あの親たちにして名誉心があることを、これは示すものだ。あの親たちの名誉心が、恥を知る心がきっといい作用をするにちがいない」と、特別学級設置に批判的であった山下訓導に語った。坂本の特別学級に対する思い入れの強さをうかがい知ることがてきる。

「貧民学校」の中における「特別学級」の運営という2重の課題を自らに課したのは坂本龍之輔なればこそで、「必要ならばやる」という長年にわたって培われた教育実践に対する彼の信念の現われであるといえる。従って東京でのこの時期の特別学級の設置は極めて偶発的な出来事であった。

さて坂本龍之輔は特別学級廃止後もこの教育に関心があったようで、明治39年10月1日伊沢修二の楽石社での「鈍児教育の研究会」の参加者に名をつらねている。そこで元良勇次郎や三宅鑛一等の指導を受けていた。

「歴史にもしも……」はない。しかし貧民学校の創設・実践を通して教育理念を追求しつづけてなお、市の許可なく特別学級を設置した坂本龍之輔が、もしも精神薄弱教育に身を投じていたら、東京の特殊教育はとのような展開をしたであろうか。

財政的な理由も大きかったであろうが、萬年小の特別学級がわずか1年で廃止されたことは東京市の特殊教育の歴史にとってまことに残念なことであった。しかしこの実践は1つの可能性を追求した動きとして高く評価されるところであった。

萬年小の特別学級廃止の14年後　大正9年東京市に初めて補助学級が誕生した。その時坂本はなお萬年小学校長の職にあった。

3　東京高等師範学校附属小学校特別学級

明治41年10月、東京高等師範学校（以下「東京高師」と称す）附属小学校特別学級の授業が開始された。同年4月に設置されて、準備期間の6ケ月後であった。本校では以前にも、「低能児」学級の設置計画があったが予算上の理由で実現しなかった経緯があったという。

「劣等児・低能児」の特別学級はこの頃から全国各地の師範学校附属小学校に設置されるが、そのきっかけとなったのは次の文部省訓令(明治40年4月17日付)であった。

> 文部省訓令第6号(師範学校規定制度ノ要旨及施行ノ注意)
> 「……附属小学校ニ於テハ規程ニ示セル学級ノ外成ヘク盲人、唖人又ハ心身ノ発達不完全ナル児童ヲ教育センカ為特別学級ヲ設ケ之カ教育ノ方法ヲ功究センコトヲ希望ス蓋シコノ如キ施設ハ従来未タ多ク見サリシ所ナリト雖モ教育ノ進歩ト文化ノ発展トニ伴ヒ将来ニ於テハ其必要アルヲ認ムルヲ以テナリ……」

この訓令は文部省が全国の師範学校に示した特別学級設置の積極的提案であった。明治30年代後半からこれら心身障害児に対する特殊教育の機運は全国的に高まってきていた。文部省は、師範学校に率先して、その教育方法の研究を推進すべき旨の要望をしたのである。

全国の師範学校ではこれに応ずるように盲児、盲唖児、「劣等児」や「低能児」を対象とした特別学級を設置した。そのうち明治年間に、「劣等児」や「低能児」を対象にした特別学級をその附属小学校に設置した師範学校は次の通りであった。

明治40年

岩手師範学校　大阪府師範学校

明治41年

長野師範学校　東京高等師範学校

東京女子高等師範学校　福岡女子師範学校

明治42年
和歌山師範学校
明治43年
北海道師範学校代用附属円山小学校
明治45年
奈良女子高等師範学校

東京高師の特別学級は設置当時には附属小学校の「第三部」に所属して独立の校舎が割りあてられた。ここで第三部というのは、当時の附属小学校の学校運営組織の名称であった。因に第一部は男子のみの尋常小学校であり、第二部は尋常高等小学校であった。そして、第三部はこの特別学級の他に尋常単級(6ケ学年複式学級1クラス)と6ケ学年2部授業2学級と尋常小学校補習科で構成されていた。この時の第三部の主任は樋口長市、特別学級の担任は小林佐源治(28歳)であった。

樋口長市は後に、東京高等師範学校教授を経て大正14年には東京聾唖学校長に就任した。小林佐源治は大正4年9月まで特別学級の担任を務めた後一般学級に移り、国語教育や修身教育など広く教科教育分野にわたって全国的に教育研究の指導者として活躍した。

前記の明治期に設置された特別学級は、東京高等師範学校を除いて、大正末年までにすべて廃止された。この第三部特別学級は現在の筑波大学附属大塚養護学校てある。以下、開設当初の状況について考察することとする。

1　開級までの経過

初年度の入級児童は7名であった。この児童らは近隣の小石川区内(現文京区)6小学校の第2学年児童約1,000名の中より選ばれた。知能検査もなくまだ判別法の確立していなかった時代である。一歩間違えば一般児童に「低能児」のレッテルを貼ることになりかねない。当事者の悩みは大きかった。後日、小林佐源治は次のように述懐している。

さりとて誤られた児童は迷惑千萬である。愚をして愚たらしむるところでなく、普通をして遂に愚たらしむるものである。斯の如きは夫の人の子を害う誹を免れぬだろう、思うに白痴児と低能児、低能児と普通児其各の境界は恰も白日の西山に入り暮色の蒼然として夜の帷の垂れるに譬ふべくであろうか。否それよりも困難であるだろう。されは教師は低能児学級に収容するには充分慎重の態度をとらねばならぬ。

選考は樋口長市、小林佐源治が直接小学校に出向いて次のような手順に従って行れた。(樋口長市案)

1 各学校長に依頼して、第1学年を2年以上学習して(落第)普通児とは一緒に指導できない児童をまず選んだ。
2 選出された児童全員について、集団の中での学習状態(国語科または算術科)と運動場での活動状況を観察した。
3 さらに次の事項について綿密な調査をした。(以下原文のまま)

(1)　児童を受持教師につきて調査すべきこと

①　児童の氏名、年齢、家庭の職業、生活程度

②　児童の学業、過去の成績、進級の状態、現在の成績、一般につき得意の学科、不得意の学科

③　児童の性質操行、身体の健否

④　出席状態、転学の有無

⑤　担任者の意見

(2) 児童につきて調査すべきこと(補助級教師の行うべき)

①　教室又運動場における児童の様子(観察)

②　身体、全身、体格、血色、栄養の良否、感覚、疾病の有無

③　精神、言語、筋肉の連動、観念(主に読本)、思考(主に算術)。(この他物の比較定義等をなさしめて思考を調査す)

(3) 児童の家庭につき調ぶべきこと

①　遺伝、受胎、出産、生後の発達、言語及智力発達異常、両親の様子親族の様子(心身上)

②　兄弟伴侶の様子

③　睡眠、食物、遺尿

④　勉学の状態、遊戯の状況

⑤　性癖、主として著しきものに限る

この調査を経て、男子4名、女子3名、年齢は7歳から13蔵までの7名の入級が決出した。出身校は文京区の金富、礫川、柳町の3小学校であったか、翌年度以降は明化、真砂、台町小

等からも入級してきた。この時の入級児童の実態は表の通りであった。

学力については後日詳しい調査が行われたが、10以内の加法ができる児童はなく、「1たす2」のできない児童もいた。国語もかろうじて五十音を1字ずつ教師の発言をきいて書ける程度であり、一般に身体虚弱発育不良と感覚器官に障害のある児童が多かった。この様子を小林は日記に「気力のない、意志の至って――至って弱い、その上顔色の青く淡黒な、まるで病人の様な可哀想な子ども」と書いた。

しかし、わずか1、2週間で事態は変わった。児童の心も体も活動を始めた。彼はその時の喜びをこう表現している。

> 車の轍に苛められた1本の草でも……1つの生命がある以上春風にあへばそれ相応に花が咲く、況して人間ではないか、(中略)元より而あるべき筈で驚くには及ばんが、さりとて担任する我身はいまさらの様に喜ばずにはをられぬである。

2　学級経営

担任の小林は、「教育の目的」は一般の学校と同しであるが、それを達成する方針は自ら異なるとして、次の3項目に整理した。

特別学級の教育方針

1　一国民として生活できるようにする。

2　健全なる体を育成する。

表　初年度入級児童の実態

氏名	家族関係	生育歴
A児 ① 28.10.3 ② 13.0 ③金富小学校	父　やや神経質 　　知力普通 母　神経質 　　やや虚弱 子：♂（低能・虚弱） ♀ 本児 ♂（早産・半年後死亡） ♂（早産・生後まもなく死亡）	受胎時母は大病（病名不詳）早産（7カ月）発育不良・言語・歩行とも遅く5、6才になってやっと可。5才時脳膜炎、8才時鼻加答児を病む。尋常科1年を6度繰り返す。
B児 ① 31.6.16 ② 10.4 ③礫川小学校	父　死亡 　　知力不明 母　死亡 　　知力不明 子：♀ ♂（普通） ♀ ♀ 本児	受胎時母心痛、早産（8カ月）仮死状態、発育不良、言語・歩行とも遅く4才頃になって可、学齢期に達するまで交遊不能。8才時ルイレキ、耳疾以後重聴・言語不明。
C児 ① 32.10.13 ② 9.0 ③礫川小学校	父　知力可 　　梅毒 母　神経質 　　賎劣 子：♀（成績不良劣等） ♀（心臓病） ♀ 本児 ♀（普通）	受胎時梅毒に感染、虚弱、発育不良、言語、歩行とも遅く、長じても脚力甚だ弱、眼球凸出。
D児 ① 33.1.2 ② 8.9 ③柳町小学校	父　健 　　知力普通 母　貧血 　　あまり健ならず 子：♀ ♀（知力劣） ♂（普通） ♂ 本児	受胎時母は脚気・出産異常なし、虚弱、言語・歩行とも遅い。耳だれ以後やや耳が遠い。
E児 ① 34.3.24 ② 7.6 ③柳町小学校	父　健 　　知力普通 母　知力鈍 子：♂（商家の小僧） ♂（農） ♂（普通） ♂ 本児 ♂ ♀	出産時及びその後の生育歴においても特記することなし。
F児 ① 33.1.11 ② 8.9 ③柳町小学校	父　知力劣等 母　血色はなはだ不良 　　知力普通 子：♂ 本児 ♀（低能） ♀（不明） ♀（不明）	受胎時、出産時共に異常なし。発育不良、虚弱、言語・歩行とも遅い。注意散まん、語派不理論、4才頃までヒキツケ頻繁、腺様増殖症。
G児 ① 33.9.8 ② 8.1 ③柳町小学校	父　酒客 　　知力鈍 母　やや貧血 　　知力普通 子：♂（低能） ♀（普通） ♀（知力劣等） ♂ 本児 ♀ ♀	受胎時母虚弱、出産時異常なし。生後2、3年よりヒキツケ頻繁、言語・歩行とも遅い。栄養不良、交遊不能、精神状態不活発。

（注）①生年月日（明治）②入級時の生活年齢 ③出身校

3　徳性を涵養し良い習慣を養う。

この3項目に一貫して流れている基本方針は職業に就いて社会的に自立できる人間の育成であった。「農夫たらしむる可なり、商人たらしむる可なり、又労働者にたらしむる元より可なり、其の性に従いて自活せしむれば足れり」と説明している。体育についても、仕事のできる働ける体を育てることが大切で、単に強健な身体や剛毅な精神を育てることだけが主眼ではないという。そして第3の方針の「徳性」に関しては、「常識」を養うことを強調した。立居振舞や交際などで、人に笑われないようにすることこそ「生活教育の真諦である」と結ぶ。

これらはまた、当時一般の小学校での知力の開発を中心とした「低能児」教育に対する批判でもあった。

〔学級編制〕

初年度入学児童7名は年齢にかかわりなくすべて尋常2年生であり1学級編制であった。翌明治42年度には4名入学し、2、3年複式学級となったが、明治44年度まで1学級であった。落第はなく年度ごとに進級した。担任1名1学級であったが、若干の教科については児童の能力によりグループに分けて指導した。

地理、歴史、理科は尋常4年からの履修であった。明治43年以降、この3教科グループに分けないで授業を行った。各教科の時間数は一般の学校に比べて修身、国語、算術を少なくし、唱歌、手工などの技能的教科を多くした。1週間の総授業時数は24時間1日4時限であった。1時限は40分、業間に20分の休憩時間がおかれた。

授業以外に掃除や学校園作業などが課された。学校園作業は1人に付4分の1坪(約0.83平方米)の土地を貸し与え、麦、豆や草花などを栽培させている。

〔一般児童との交流〕

行事としての遠足や集会の他、休憩時間は一緒に遊ばせた。将来は社会の一員として働く者たちである。「他人をよく理解し、己をよく発表(表視)する機会」をできるだけ多く与えたいという配慮からであった。

体操科の中の遊戯なども一緒にやらせていたが、樋口長市はその状況を次のように紹介している。

> 遊戯などをする時にも、普通の児童に打ち交ぜて運動させている。縄跳びだとか角力だとか普通の児童中に入れてやって居る。此の遊戯の時などには、随分まちがって居ることをやって居るが、幸にして、此所には単級があるからして、単級の子供と打交ぜてやらせると、単級の1年生などにはかなりトンチンカンの事をやる者もあるものだから、普通の子供が別に怪しみもしないのである。
>
> 他の子供との折合もごくよくて、昇校下校の時などでもお互いに相連れだってするようである。

第11章
岩手の精神薄弱教育

劣等児・学業遅進児教育の開始

特別学級の設置

「小学校令」及びその改正等にともない義務教育制度は整備され、全国的に就学児童は増加し、就学率が高まり、教育対象の拡大及び多様化が助長されていった。このような就学率の向上にともなう教育対象の拡大及び多様化は、劣等児とか、落第生と称せられる学業成績不振の子どもの問題を顕在化させることとなった。

こうした学業成績不振児問題の顕在化は、学級運営上あるいは学校全体の問題として対応が求められ、その対応の一環として特別な学級を編制して、これらの教育にあたる学校が現れた。

明治23年(1890)4月、長野県松本尋常小学校に設けられた特別学級(「落第生学級」男女それぞれ1学級編制)の実践は、その先鞭をつけたものであった。次いで、明治29年4月、長野県長野尋常小学校に特別学級(「晩熟生学級」)が開設された。

こうしたことは明治30年代に入っても同様で、特別学級あるいは課外指導で学業不振や能力の低い子どもの教育が各地で行われた。しかし特別学級は、多くの場合長続きしなかった。

明治40年3月、「小学校令」の改正により、義務教育年限が6カ年となったが、こうした修業年限の延長、教育内容の拡大は、いっそう学業不振児や障害児の問題を大きくすることか予想された。そこで同年4月、「師範学校規程」が制定された際、文部省訓令第6号が出され、その中で、盲人、唖人、心身発育不完全な児童のため、師範学校附属小学校に特別学級設置の奨励規定が盛られた。

大阪師範学校附属小学校や岩手師範学校附属小学校においては、文部省訓令以前にすでに「劣等児」の教育研究に着手していたが、各地の師範学校附属小学校で盲唖児や劣等児、低能児などの特別学級が設けられるようになるのは文部省訓令以後のことである。しかしこれらの特別学級は、多くの場合長続きしなかった。

一方、学校教育の対象とならなかった精神薄弱児の保護と教育の施設として、明治29年、石井亮一により滝乃川学園(明治24年創設の孤女学園」を改称)が設けられ、その後明治末期から大正期にかけて、各地に精神薄弱児施設が設けられた。

岩手師範学校附属小学校特別学級

岩手師範学校附属小学校は県教育界の要望に応えて、文部省訓令第6号が出される前年の明治39年、学校独自に劣等児の教育研究に関する検討が行われ、翌40年4月1日、特別学級を開設し劣等児の教育研究が行われた。

特別学級設置のねらいは「劣等児童を集め、学業不振児の原因を身体、境遇、稟賦(ひんぷ)、心性上より研究し、之に対する矯正法を施して劣等児童救済の道を講じる」ことにあった。特別学級は、尋常科第3学年から第6学年までの4箇学年より担任訓導による平素の認定及び学力試験によって成績劣等なる者で編制した。担任は太田代久穂(明治40年4月～43年4月)、菊地辰三郎(明治43年4月～45年3月)であり、児童数は明治40年度26名であったのが、その後、年毎に減少し、同44年度は11名となり、同45年3月末をもって特別学級は廃止され、代わって複式学級が設置された。

教育内容・方法は、当時の劣等児(学業不振児)教育の多くの実践が、概して普通学級の教育内容・方法をそのまま維持しながら、指導技術レベルでの工夫で程度を低めたり、学習速度を落としたりする、いわゆる「水増しカリキュラム」であったのに対して、同学級における実践は学力不振の原因の追究と、教材の系統化や精選に着目して、学力水準の向上を目指したものであった。

水沢尋常高等小学校特別学級

水沢尋常高等小学校では、児童の個性に根ざした教育の徹底を期して、明治43年(1910)1月「丙児取扱規程」(校規)が制定され、同年4月から特別学級(「丙児学級」)を設置して、劣等児(丙児)に対する取り組みが行われた。この特別学級(「丙児学級」)は、児童数を少なくした普通学級に丙児(劣等児)を編入(混合)して指導した。

大正5年(1916)4月からは、「丙児学級」による教育に加えて、より重度の劣等児に対する「特別劣等学級(最劣等学級)」を設けて教育実践が行われた。言わば、児童の能力の程度をより重度化、細分化させた教育が展開された。実際の指導では、「丙児学級」、「特別劣等学級」いずれも、児童数を少なくした普通学級へ劣等児を編入(混合)して指導するもので、学級内で劣等児を配慮した指導と、学級内で能力別編制による指導の方法とが併用された。

大正11年度からは、学級編制の方法が変わって、尋常科第2学年から第6学年の各学年毎に、劣等児組、優等児組、普通児組の能力別学級編制が実施された。この能力別の学級編制は、それまでの劣等児を普通学級に編入(混合)させる方式よりも、能力別指導の徹底化を目指したものであった。しかし、4年後の大正15年3月末をもって、能力別の学級編制も、劣等児に対する特別の取り組みも廃止された。このような能力別の学級編制方式は、明治末期にわが国に紹介されたドイツのマンハイム・システムの影響によるところが大きいと推測される。

小学校における劣等児・学業遅進児の取り組み

岩手県における第一次世界大戦間の劣等児・学業遅進児教育は、岩手師範附属小学校並びに水沢尋常高等小学校以外に、次のような取り組みが見られた。

明治41年(1908)10月、文部省普通学務局長より本県知事宛に、管内小学校における劣等児取扱い方法に関する調査の依頼通牒があり、この調査の報告をした学校は次の5校であった。

・気仙郡高田尋常小学校特別学級(明治41年4月～10月)

・東磐井郡薄衣尋常小学校特別学級(明治40年9月頃)

・胆沢郡南都田尋常高等小学校「特別教授」(明治41年6月)

・二戸郡浪打村岩館尋常小学校及び楢山尋常小学校「普通教

室内教授」(明治41年9月)

以上の小学校で劣等児教育が試みられたが、いずれも短期間の実践で、組織的に教育するまでに至らなかったようである。

明治44年(1911)、文部省普通学務局は、全国における特殊児童の実数及び取扱法並びに特殊児童のために編制せる学級数の実態調査を実施した。さらに同年10月1日現在で、小学校在学児童中、種別の特殊児童数及び低能児の取扱法の調査を実施した。その結果、県内の小学校在学児童中、種別特殊児童数は、尋常小学校(第1学年～第6学年)では、低能児3,136名、白痴児60名、癲癇児27名、身体不具児(盲・唖児を除く)159名、合計3,482名であり、高等小学校(第1学年～第3学年)では、低能児82名、白痴児0名、癲癇児3名、身体不具児18名、合計103名であった。

小学校における低能児(劣等児)の取扱の調査に関しては、県内小学校のうち、次の16校が取扱方法を報告している。

・江刺郡…上伊手・小田代・稲瀬尋常高等小学校
・胆沢郡…前沢・古城・水沢・三ケ尻・永徳尋常高等小学校
・東磐井郡…小島・釘子・上折壁尋常小学校
・紫波郡…見前・水分・手代森・郡山・徳田尋常高等小学校

これらの中で、前述のように水沢尋常高等小学校では特別学級を編制して指導を行ったが、他の小学校はいずれも課外時間における補習による方法、または通常の学級で通常の授業時間内に個人的に配慮して指導する程度の方法であった。

第一次大戦後の精神薄弱教育の動向

第一次大戦を契機とした民主主義の導入、新教育運動にみる児童の個性尊重の教育が盛んになり、学業不振児や精神薄弱児の教育か注目され、小学校関係者の間で学業不振児や精神薄弱児の教育対策が進められた。

このような機運から、東京・大阪・京都等を始めとする大都市で、小学校に特別な学級を設置することが進められるようになり、大正中期から昭和初期にかけて、特別学級による精神薄弱児・学業不振児教育はかなりの発展をみたのである。

ちなみに、文部省調査では、大正13年には全国の特別学級設置校235校、特別学級は463学級であり、昭和6年には特別学級設置校71校、特別学級は100学級であった。

わが国で最初の精神薄弱児のための独立学校である大阪市立思斉学校は、昭和15年(1940)6月に開設された。同校は小学校に類する各種学校として認可された。

一方、大正末期から昭和期にかけて精神薄弱児収容施設は漸増し、保護と施設独自の教育が行われた。昭和9年には日本精神薄弱者愛護協会が発足し、精神薄弱者保護法制定運動の中心となり、施設の普及拡充を目指し、精神薄弱教育の振興を促した。

仁王尋常高等小学校促進学級(精神薄弱学級)

昭和6年(1931)4月、盛岡市仁王尋常高等小学校に促進学級が開設されたが、その発案者は同校第12代校長千喜良英之助であった。

千喜良校長は、1人1人の児童を中心とした個性の伸長、能力即応の教育実現を目指し、学校として教育実践・研究の改善を図った。教育実践・研究が深まるにつれ、学力の遅れた児童の指導のあり方が問題化し、学校としての対応が必要となった。昭和5年には、通常の授業についていけない児童に対し、遅れている学力を取り戻し促進する方法として、促進学級に関する研究を行った。

そして翌年4月、尋常科第2学年から第6学年までの児童17名をもって促進学級は開設した。学級の呼称は促進学級であったが、児童の実態は精神薄弱児が多数を占め、学業不振児は少数であった。この学級の担任は、初代佐藤哲郎、2代目佐藤良一、3代目佐々木勝之助に引き継がれたが、昭和12年3月末をもって促進学級は廃止され、代わって看護学級(虚弱児学級)が設置された。

そのほか、県内で精神薄弱児又は学業不振児の教育を行った学校には、釜石尋常高等小学校の実践がある。同校では、昭和7年から9年頃まで、3・4年生児童を対象に劣等児学級1学級を編制し教育が試みられたが、5年生の進級時に問題を生じ、2年足らずで閉級した。

また、盛岡市城南小学校では、昭和12年から17年まで劣等児の個別指導を行っていた。

第12章

愛知の精神薄弱教育

1　精神薄弱児観の進展

明治の末ごろから、異常児の研究や教育は欧米諸国の進んだ精神医学、教育学、心理学等を基盤にわが国でも急速に進展を見せた。また、フランスのビネーによって作成された知能測定尺度がわが国に紹介されたことは、精神薄弱児の判別について大きな力を与えた。

このようにして、大正期にかけて精神薄弱教育への関心は次第に高まりをみせ始めた。

大正9年には東京で精神薄弱児のための補助学級が公立小学校内にはじめて設置され、ほとんど同じころ大阪、京都等の大都市にも精神薄弱児の特別学級設置の気運が熟しつつあった。

本県においても大正11年に名古屋市に設置された「劣等児のための個別学級」は特殊教育史上特筆されるべきものである。

また、精神医学者であり、名古屋医科大学(現名古屋大学医学部)の教授でもあった杉田直樹博士等が昭和12年4月、ドイツ流の治療教育学の実践をめざして名古屋市に設立した精神薄弱児の収容施設・八事少年寮における教育も精神薄弱教育の試行期において画期的なものであった。

2　名古屋市における劣等児の個別学級

大正期の新教育運動のささえとして教育測定の方法がひろが

り知能検査や学力検査による能力分析がおこなわれ、小学校における個人差の問題が考えられた。本県においても、学業不振児や優秀児に対する特別教育の試みがあらわれてきた。

名古屋市では、大正11年度から市内の6小学校で「個別学級」を設け、優良児および劣等児の教育研究がはじめられた。優良児の「個別学級」をおいた八重、白鳥の2尋常小学校、劣等児の「個別学級」をおいた橘、船方、大成、南押切の4尋常小学校の実践がそれである。

個別学級の編成にあたっては、橘尋常小学校の例によれば、まず、算数科、国語科の平均点が40点以下の者に対し、知能検査身体検査、家庭調査を行なった上で、個別学級への編入者をきめている。その際、編入を希望しない者は除外している。

某尋常小学校の沿革誌から、

個別学級間始

大正12年4月1日ヨリ当校内ニオケル普通学級ニオイテ救済シ難キ特別事情ヲ有スル児童ヲ救済センガタメココニ個別学級ナルモノヲ編成セリ

学年		3年	4年	5年	合計	
児童数	男子	4名	4名	3名	11名	20名
	女子	3名	3名	3名	9名	

劣等児個別学級の編成目的は、学業不振児および精神的・情緒的・身体的な欠陥のある児童を収容し、児童の能力に応じて個別に指導していこうというのである。したがって教育の方法

も教科の合科や生活化がおこなわれている。施設面でも、教室の半分を畳敷(12畳)にしたり、経費の許すかぎり、教室に遊具、玩具、手工道具材料を整えている。

橘尋常小学校の個別学級の学科目は普通科級のそれと大体同じであったが、修身科は特設せず「時ニ臨ミ機ニ応ジテ訓戒シ指導スルコト」とし、国語読方科では毛筆習字をおこなわず硬筆習字を課している。

個別学級の教科目の時間配当は「普通児ヨリモ疲労スル事ガ早ク意志モ薄弱デアルカラ、厳密ナ時間配当ヲ定メル事ハ出来ナイ」としながらも、だいたい毎日1、2時限を算数科、読方科に当て、第3時限は体操・遊戯訓練、第4、5、6時限は自由時間として綴方、図画・工作、唱歌、作業、復習に当てた。

また「児童ヲシテ自然美、人工美ヲ観照セシメテ、純美ナル心情ヲ涵養セントスル」ため自然科を特設し、毎週水曜日には朝から校外へ児童を引率して自然や社会の学習をおこなっていた。

3　八事少年寮の創設とその教育

(1)　杉田博士と九仁会

昭和11年の秋、当時名古屋医科大学(現名古屋大学医学部)の教授として、精神医学界の権威であった杉田直樹博士は、たまたま博士の学問上の友で、名古屋市昭和区川名山町の八事精神病院院長であった杉山亮博士が病没し、その未亡人が病院の土地・建物の処分につき杉田博士のもとに相談にこられたのを機に、その施設を利用してかねてより念願であった精神薄弱児の収容施設をつくり、ドイツ流の精神医学を基盤とする治療教育の実現を決意した。

病院跡の土地・施設をゆずり受け、収容施設の開設の準備にかかったが、最初にぶつかった問題は財政難であった。当時、このような事業に対する国および県などからの補助金は微々たものであり、そのため博士は社団法人・九仁会を組織し、自ら理事長となり、各界より八人の理事を委嘱し、九仁会の名にちなんで合計九名の理事で会の経営にあたることになった。理事は名古屋医科大学長・田村春吉氏、小金井学園の創設者として知られ、当時愛知県立病院長であった児玉昌氏をはじめ、少年審判所長、方面委員等少年の厚生保護関係者および愛知県、名古屋市の社会、衛生担当の課長等によって構成されていた。

また、会の実際の運営にあたる幹事には当時杉田博士のもとに大学の医局員であった岸本鎌一博士(後に名古屋大学名誉教授)堀要博士(後に名古屋大学教授)南知多病院長・田中義邦氏等、杉田博士の信頼の厚い人々数名を選任した。

更に会の顧問として当時の愛知県知事・田中廣太郎氏、名古屋市長・大岩勇夫氏、松阪屋の伊藤次郎左衛門氏等、地元各界の第一人者を委嘱した。

このように多くの人々の協力と後援を得られたことは、杉田博士のこの事業に対する並々ならぬ熱意とともに博士の人格と社会的名声に負うところが大であった。

九仁会という名は、「9つの仁を施す」という意味で、岸本博士によると9つの仁とは九仁会のスローガンともいうべきもので、おおよそこのようなものであった。

ア　悩める人の貧苦を救い
イ　いたづく人の病を癒し
ウ　運拙き人の不幸を除き
エ　世に背く人の不幸を和げ
オ　悲しむ人の憂を慰め
カ　正しき人に喜びを与え
キ　弱き人に力を添え
ク　愚かなる人に知らざる所を教え
ケ　迷える人を光明に導く

この9項目から、当時の精神薄弱児観ないしは行動問題児観の一端をうかがい知ることができる。

このようにして昭和12年4月、精神薄弱児、行動問題児(非行児を含む)等の収容施設が開設され、「八事少年寮」と名付けられた。

(2)　対象児・職員・施設

当初収容した子どもたちは、主として県内の学齢前の幼児2、3名をふくむ最高18歳までの精神薄弱児および行動問題児(非行児を含む)約30名であった。その中には9歳まで子守を託された乳児を川に投げ込むなど2名までも殺害した、てんかんと先天性梅毒をあわせもつ少年も交っていたという。

職員としては、杉田博士が自ら寮舎の1室に住み収容児と起居を共にした。前記岸木・掘両博士が医学的治療面で全面的協力をする一方、教育主任として兵庫県教護院教頭であった射場信吉氏を迎え、射場夫人が主任保母として子どもたちの養育面を担当した。その他保母数名と炊事婦が常時勤務していた。

寮舎は八事山の東側中腹に位置し、緑の林に囲まれて、市街地の騒音からも隔絶された静かな環境にあった。

約4,000平方メートルの敷地内に元精神病院の病棟が土地の高低をそのまま生かして建てられており、それを寮舎として転用したので、寮舎間を結ぶ廊下には階段が至るところにあり、職員はその登り下りに体力を大いに消耗したという。

(3) 独特の治療教育

八事少年寮で実施された教育については、その根本方針は杉田直樹博士によって立てられた。そして、その中核となったのが直観教育を重視した治療教育と言えよう。

ここにいう治療教育とはドイツの治療教育学の考え方を源流とするもので、精神薄弱児や行動問題児等に対し医学的治療(投薬・心理療法等)と教育的トレーニングを有機的に関連づけて実施をするというものである。

岸木・堀の両博士は大学の医局に勤務するかたわら八事少年寮の子どもたちのために投薬や心理的治療に情熱を傾け、時には外傷や内科的疾患の治療をも担当した。また、教育主任の射場氏は躾、生活指導、学習指導等を担当したが、その悠揚迫らざる人柄は収容児はもちろん職員間の人間関係にも好影響を与えたということである。

学習指導については子どもの能力に応じて読み、習き、数量などの学習を課してはいたが、知恵遅れの程度の重い子については生活指導が中心であった。なお、杉田博士は体操を重視し、レクリエーション療法と称して体育的学習が重要な教育手段とされた。博士は施設内の起状の多い地形や、寮舎間をつなぐ階段の多い渡り廊下がこれらの学習に最適であると常々人に語っていた。

岸本博士等は、毎朝大学の医局に出勤前、八事少年寮に寄り、射場教育主任と個々の子どもの治療教育につき細かい打ち合せをし、更に月に2回、杉田博士を中心に、岸本・堀・射場の名氏が集まってケーススタディが開かれ、活発なディスカッションがなされた。

これらの教育を通じて一貫していたのは直観教育の重視であり、実物の直観から言語的説明におよぶといった手法が取られ、経験を通じての学習が重んぜられた。

(4)　戦時体制下の八事少年寮

昭和12年7月に勃発した日中両国の軍事的衝突が次第に全面戦争の様相を呈し第二次世界大戦に突入する昭和16年ごろから、名古屋市においても物資の調達が困難となり、とりわけ食糧については育ち盛りの子どもたちにとって配給された分量のみではとても足りず、不足する食糧の調達が杉田博士をはじめ寮の職員の大きな仕事であった。

しかし、当時の県当局が極めて困難な状況下にあっても、あらゆる面で協力を惜しまなかったことは、八事少年寮の運営の大きな支えとなっていた。

このような状況にあっても、八事少年寮の教育方針や教育内容は、食糧の欠乏に備えるため畑仕事などの作業学習がやや増えたものの、当初と変わりなく続けられた。

戦時下においては、国民優生保護法の制定などによって精神薄弱児はともすれば遺伝的劣悪者視され、社会一般の理解は必ずしも望ましいものではなかったが、八事少年寮の近隣の人々は、寮の子どもたちや職員に対して比較的あたたかい眼で見守ってくれた。これは杉田博士が医師や医薬品など不足がちな当時にあって、この地域の人々の医療について気軽に応じ、近くに急病人があれば夜間でも往診するなど多くの人々に敬愛され、感謝されていたところに負うことが大であった。やがて終戦となったが、昭和23年の後半にいたり、杉田博士が大学を退官して東京に引き揚げることになった。そのため八事少年寮の経営は社会福祉法人・昭徳会理事長・鈴木修学氏に委ねられることになった。後年、愛知県心身障害者コロニーの建設に大きく貢献された岸本鎌一博士によれば、この八事少年寮における治療教育こそ、愛知県が誇る心身障害者コロニーの基本的構想につながるものであった。

4　新時代への胎動

昭和23年はじめの混乱期の中で、八事少年寮では知能指数50程度以上～70程度の児童十数名で学級を編成し、国語、算数、理科教育を取り入れた新構想の学習指導が開始された。

これは杉田教授の指導で、杉田稔(当時名古屋大学医学部学生)と武田公雄(当時名古屋大学精神科研究生)が、寮に泊り込んでその指導にあたった。

名古屋市では同じころ市立旭ケ丘小学校で特殊学級が編成さ

れ桑原博氏（後に校長）が中心となって特殊教育の実際が始められた。

　また同じころ研究組織も台頭してきた。昭和23年当初、愛知県特殊教育研究会が結成され、事務局が名古屋大学医学部精神病学教室におかれ、杉田直樹教授が会長に、橋本爲次富士中学校長（愛知県小学校長会長）が副会長に就任した。

　この会では昭和24年に県内小中学校で実施されていた知能検査の結果を集約して、県内学童の知能指数の分布状態を明かにし、特に精神薄弱教育の対象児童数をつかむことに成功した。

　また昭和23年から24年にかけて、県内小中学校教師を対象に、二十数会場で講習会を開催した。「特殊教育について」岸本鎌一博士、「知能検査法について」武田公雄氏が普及巡回した。

　しだいに特殊教育への関心もたかまり、小中学校で基礎的な研究も始められるようになった。

　すなわち、昭和24年ごろの瀬戸市立效範小学校（伊藤一雄校長）・昭和25年ごろ額田郡常磐村立常磐東小学校（小兵保校長）での研究は貴重なものである。

　こうして特殊教育への世論も高まり、実際教育への動きがはじまった。

結　語

本書の戦前における劣等児・精神薄弱児教育の資料集成を行うことで、次のようなことができた。

第1は、それぞれの県や市で、いかなる時期に、どのような役割をもって成立し、展開し、消滅したかを読みとることができる。

第2に、県や市単位で、どのような人物によって開拓、いかなる経緯で開始されたかを知ることができる。

第3に、それぞれの県や市での教育実践を通して、相互に比較研究することができる。

ところで、資料集成を見直すと、戦前の劣等児・精神薄弱児教育のプロセスをおおまかではあるものの、次の①～⑥のように成立要因・契機とともに整理することができると考えさせられる。

①明治20年代、長野で実践された、特別な学級を編制して子どもたちの能力、特性、必要に応じた教育を施そうとする努力がなされた。
落第生、晩熟生といわれたように学業不振児が多くなる情勢に対応したものであった。

②明治30年代、群馬で実践された、劣等児の指導に特別な配慮を行っている。その背景には、教育病理学が注目されるようになった時流があった。

③東京などの大都市では貧困者が多く住む地域（貧民窟）で、特別学級が試行的に設けられた。

④明治40年代、岩手師範、姫路師範、福岡女子師範、東京高等師範の附属小学校に特別学級が設けられた。その際には、乙竹岩造の欧米視察やドイツのマンハイムシステムの導入によるところが大きかった。

⑤大正期、東京、大阪、京都を始め、神戸、名古屋の大都市で、小学校に特別学級を設置することが進められた。その際には、教育の理論や方法が、従前の精神医学的なものから、知能検査や学力検査などによる心理学的な分析によることと関係していた。

⑥昭和15年、大阪にわが国初めての精神薄弱児の独立校である思斉学校が、大阪市立児童相談所の一部を仮校舎として開校した。その際には、前年の大阪市での学業不振児の調査結果より、IQ50～70の子どもたちへの対応であった。

本書の12章といった章立てから以上のプロセスを導くことができる。集成という性格ゆえに明らかにすることができた面でもある。

末尾になったが、筆者を歴史研究へと道をひらいてくださった愛知教育大学大学院時代の恩師であった故田中勝文先生の研究と教育への厳しさと優しさがあったからこそ、今日まで研究を地道ながら継続することができた。

加えて、現在は社会事業史学会、日本特殊教育学会、愛知社会福祉史研究会、かつて存在していた精神薄弱問題史研究会、精神薄弱者施設史研究会という学びの場で先輩と後輩との交流があったことを附記しておきたい。感謝の気持ちでいっぱいである。

そして、本書はもちろんのこと、『障害児教育福祉の歴史－先駆的実践者の検証－』(2014年)、『障害児教育福祉史の記録－アーカイブスの活用へ－』(2016年)、『障害児教育福祉の地域史－名古屋・愛知を対象に－』(2018年)、『障害児教育福祉の通史－名古屋の学校・施設の歩み－』(2019年)の拙著の5冊を後世に残せることができた。順に「人物」「記録」「地域」「通史」「集成」というのが各書のキーワードである。三学出版の中桐和弥様の細かなところまでの気配りとサポートがあったからこそ継続して刊行できた。

教師生活約40年が近づきつつある。新たな障害児の教育と福祉の開拓に夢をもっていこうと思っている。

愛知教育大学教授　　小川英彦

事項・人物索引

【た】

【ち】

【て】

【と】

【な】

【ま】

【み】

【め】

【も】

【や】

【ゆ】

【ら】

【れ】

【わ】

☆好評既刊

〈2018年8月刊行〉

障害児教育福祉の地域史

―　名古屋・愛知を対象に　―

名古屋・愛知という地域での実践の歩みを追究した。

先行研究の一覧、文献目録、年表等の資料を数多く含んでいる。戦前・戦後の連続性、実践の根底に貧困問題があること、児童福祉法制定の精神の貫徹等、実践の特徴を明らかにすることができた。

名古屋市個別學級、愛知県児童研究所、八事少年寮、戦後初期の精神薄弱児学級などを研究対象とした。

ＩＳＢＮ９７８－４－９０８８７７－２２－３　Ｃ３０３６　Ａ５判　並製　１４１頁　本体２３００円

〈2019年3月刊行〉

障害児教育福祉の通史

―　名古屋の学校・施設の歩み　―

ある特定の時代に限定するのではなく、全時代にわたって時代の流れを追って書かれた歴史。

国の施策・行政動向の中での名古屋の位置づけ、名古屋ならではの実践の特徴、障害児(者)のライフステージを意識した視点を大切にしたいという思いで執筆した。①明治･大正を通して(萌芽)、②１９５０年代以降を通して(展開)、③１９７０年代以降を通して(拡充)、④２０００年代以降を通して(展望)、という時期区分により記述している。

名古屋を中心に残存している資料の発掘、保存に努め、それを整理・総括している。

ＩＳＢＮ９７８－４－９０８８７７－２３－０　Ｃ３０３６　Ａ５判　並製　１５６頁　本体２３００円

小川英彦（おがわ　ひでひこ）
1957年名古屋市生まれ
1983年～名古屋市立特別支援学級と特別支援学校（教諭）
1996年～岡崎女子短期大学（講師）
2003年～愛知教育大学（助教授）
2006年～同上　現在に至る（教授）
2012年～ 2014年　愛知教育大学附属幼稚園（園長兼任）

歴史研究書の共著・単著
『障害者教育・福祉の先駆者たち』（麗澤大学出版会、2006年）
『名古屋教育史Ⅰ　近代教育の成立と展開』（名古屋市教育委員会、2013年）
『名古屋教育史Ⅱ　教育の拡充と変容』（名古屋市教育委員会、2014年）
『障害児教育福祉の歴史－先駆的実践者の検証－』（三学出版、2014年）
『名古屋教育史Ⅲ　名古屋の発展と新しい教育』（名古屋市教育委員会、2015年）
『名古屋教育史資料編　資料でたどる名古屋の教育』（名古屋市教育委員会、2016年、ＤＶＤ）
『障害児教育福祉史の記録－アーカイブスの活用へ－』（三学出版、2016年）
『障害児教育福祉の地域史－名古屋・愛知を対象に－』（三学出版、2018年）
『障害児教育福祉の通史－名古屋の学校・施設の歩み－』（三学出版、2019年）

歴史研究発表の学会・研究会
社会事業史学会、日本特殊教育学会、愛知社会福祉史研究会、精神薄弱問題史研究会

障害児教育福祉史の資料集成
――　戦前の劣等児・精神薄弱児教育　――

2020年３月10日初版印刷
2020年３月20日初版発行

著　者　小川英彦
発行者　中桐十糸子
発行所　三学出版有限会社

〒520-0835 滋賀県大津市別保３丁目3-57 別保ビル３階
TEL 077-536-5403　FAX 077-536-5404
http://sangaku.or.tv

亜細亜印刷（株）印刷・製本